勝っても負けても僕はカープ

〜平凡な高校教師が球場で見た45年間〜

はじめに

次男が小学生のころカープに夢中になった時期のこと。

「緒方選手(元監督)が同点の最終回先頭打者。マウンドには大魔神佐々木(横浜ベイスターズ)。粘ったあげく四球、すぐさま盗塁、捕手の悪送球で3塁へ。その次の投球がワイルドピッチ！　緒方生還、サヨナラ勝ちだ！　ヒーローインタビューは、もちろん緒方選手……」。

これを聞いた次男は「ヒットも打たんのに、なんでヒーロー？　どうして？　どうして？」と目を丸くして聞いてきた。

そもそも、ヒーローインタビューには、華々しいホームランを打った打者や完封した投手が登場するものと思っていたらしい。小学生の少年には、この日の緒方選手のヒーローインタビューが随分と新鮮だったようだ。

スタジアムにはいつも何かが起こる。素晴らしいプレーはもちろん、思わぬ事件の宝庫だ。思えばカープにのめり込んで2500試合。その面白いエピソードをできる限り伝えて、野球ファンの拡大につながればと思ってこの本を書くことにした。

ヒラの中学・高校教師が、仕事をしながら毎日のように観戦できたことも不思議がられるが、これには僕のカープ愛（熱）と、ちょっとした幸運に恵まれた結果である。

若いカープ女子には知られざるカープ史を、昔を知っている高齢の元カープ男子（おっさん）、カープおばさんたちは低迷時代、黄金期を思い出して、読み進めて頂きたいと願っている。

妹の薦めで書くことになり、試合観戦ごとに日記を書いとけば良かったと後悔している。でも僕が体験した45年間の面白いことは、もらさず書けたと思う。

勝っても負けても 僕はカープ
～平凡な高校教師が球場で見た45年間～

第二章　スタンドで目撃したもの

第三章　仕事はきっちりやりましたよ

第四章　カープを語る。人生を語る。～スタンドから見たもの～

第五章 教えて！ 福岡先生っ

おわりに

第一章

激闘のカープ苦難の時代から黄金時代へ

令和元年で91歳を迎えた母は、俳句会にも参加。カープを想う一句を詠む

東洋工業病院でもらった金城基泰選手のサイン

元祖カープ女子の僕の母。2006年旧広島市民球場レフト外野席で

僕の母「元祖カープ女子」と僕のカープ初観戦デビュー
〜昭和27年開幕戦〜

「カープ女子」という言葉が、平成25年頃にNHKの番組で紹介されたのを僕は見た。女性が野球に興味を持ち始めてくれたと感じ、嬉しいと思った記憶がある。しかしそこから、各地で「私が元祖カープ女子よ〜」と続々と名乗り出てきた。ちょっと待て、カープ草創期を知らないで"元祖"と名乗るのは、僕としては少し認めたくないのだ。

僕の母は昭和3年生まれの現在91歳だ。昭和24年『職業野球チーム』である広島東洋カープが誕生し、昭和25年から、広島市西区観音にあった広島県営球場を本拠地として初めてのシーズンが始まった。その時、母は21歳。

戦後わずか4年で、焼け野原となった広島で産声をあげたカープだが、まだ復興していない広島の街から観客を呼ぶことが難しいこともあり、苦しい経営を強いられ、興行として福山・三次・呉へと、何処へでも出向いて試合をしていた（当時母は父の仕事の関係で呉に住んでいた)。そして、呉にもカープがやってきた。昭和26年夏、新設された呉二河球場を、カープは'準本拠地'としてペナントレースを戦う事になった。公式戦の日程はというと、3連戦の第一戦は呉で、2、3戦は広島で実施、というお決まりだった。

そしてカープ誕生3年目の昭和27年開幕戦は3月21日彼岸の日、呉二河球場。僕が生まれたのが昭和26年10月、生後5ヵ月の僕を母は背負って呉二河球場へ足を運んだ。当時はナイター設備はなく、全てデイゲーム(日中、母は暇で退屈しのぎに行ったそうだ)。対戦相手は松竹ロビンス、先発は尾道西出身(現尾道商業)のルーキー大田垣喜夫。なんと3対1で完投勝利したのである! 高卒ルーキーが開幕完投勝利という、とんでもない試合。しかし当時の社会状況は戦後復興に追われ、カープの試合記録への関心度は薄く、この開幕勝利は騒がれることはなかったという。ちなみにスタンドには女性は数えるほど。プロ野球の球場は、女が出入りするような場所ではない、そんな時代だった。しかし母は、持ち前のアクティブさを発揮して球場デビュー。現在91歳の母こそが、元祖カープ女子だと僕は疑わない。

それにしても赤子だった僕が、その場にいれたことをとても誇りに思う。母曰く、「ちゃんと目を開けて見ていた」そうだ。おそらく僕は、その当時の最年少カープファン。これが、母と僕の記念すべき最初のカープ観戦であった。当時、呉や川尻町から広島まではとても遠いところで、広島駅までSLで1時間40分あまり。かなりの時間を要した。しかも観音となるとさらに遠い。カープが呉にやって来たので、母は観戦が実現出来たのである。

呉の広球場で公式戦

カープ誕生3シーズン目の昭和27年。当時の深刻な経営状況から、球団はどこへでも出かけてゲームをしていた日々。7月29日、準本拠地呉二河球場から東に8㎞の、呉市広球場でも試合が開催された。呉市広町の公園にあった、お世辞にもきれいとは言えない野球場だ。スタンドもグラウンドも剥げた芝と雑草で覆われていた。球場とは名ばかり、子どもの遊び場程度のオンボロ球場だった。カープの試合となると、内野に綱を張り、スタンドを広げて観客を入れ、満員でゲームを実施していた。

生後9ヵ月の僕は、この時も母の背に負われて観戦した。いや、させられたともいえる。対戦相手は松竹ロビンス、カープの先発はエース長谷川良平。ゲームは一方的にカープが攻めて9対0で勝った。この年、エース長谷川は呉二河球場では、ひとつも勝てなかった。しかし、この広球場で唯一勝ち星をあげている。

実はこの年は、カープにとって存続か解散かを迫られる危機的なシーズンの始まりであった。この年、「勝率3割を切ったチームは解散」とセ・リーグがルールを決めてシーズンが始まったのだ。カープは最下位をまぬがれ、かろうじて解散の危機を乗り切った（この年最下位だった松竹ロビンスが解散させられた）。結果的に、あのオンボロな広球場での一勝も大きな価値があり、存続に至ったことに間違いない。

40年後、この広球場は高校の軟式野球の会場として使用された。僕はその時、顧問としてその場にいた。試合途中で主審が「タイム！」と叫んだ。よく見ると子ども数人が外野を横切っていた。通り過ぎるのを待ってゲーム再開。実はそのゲーム、始まりも遅れた。理由は、お婆さんが杖を突いてグラウンドを横切ったからだ。40年経ってもこんな球場で、軟式野球公式戦を実施するなど、もってのほかの粗末なもの。

だがこの広球場、現在は存在していない。゛オークアリーナ゛という美しい体育館となり、サクラの咲き誇る運動公園として市民の憩いの場として機能している。

この年、呉二河球場や広球場で12試合戦って2勝10敗。その後昭和32年7月に広島市民球場が開場するまで足かけ7年、呉二河球場はカープの草創期を支えたのである。

元祖カープ女子が見た！　呉二河球場の大ゲンカ

昭和28年4月14日対巨人戦　1対14大敗。

母が1歳6ヵ月の僕を連れて呉二河球場で行われた巨人戦へ行った。当時カープは巨人には勝てなかった。特に当時巨人軍のエースであった、天敵大友工《おおともたくみ》投手をとうとう一つも打てないまま、引退されてしまった。

この日、母は早めにスタンドに着いていたのだが、「入り口で大ゲンカになっちょる」と耳にし、わざわざ見物に行ったのだ。どうやらファンの1人が「やれやれ今日も負けるんじゃろうなあ」とカープ可愛さに負けんにゃええが……という気持ちでつぶやいたらしい。それに反応した血気盛んなおっさんが「なにい、もう一回ゆうてみい」。どちらも熱心なカープファンだったらしいが、カープが負けるなんて言葉を口に出すのはタブー。戦う前から弱気なファンに一喝のつもりだったろうが、想いが行き違って大騒ぎに発展。見物のファンも双方の気持ちに共感して掴み合いになりそうなところを、大勢の観客が止めに入り二人を引き離した。母も呆れてスタンドへ戻ったらしいが、そのゲーム、やはり大敗！

あのおっさん達の悔しさを思うと「いたたまれなかった」と、母は今でも昨日のことのように話してくれる。ちなみに、昭和32年までに、呉二河球場で巨人に勝ったのは昭和31年４月11日に３対２で、大田垣喜夫投手がただ一勝しているだけなのだ。

父の不審な行動

母がカープファンになったのは、なんといっても父の存在が大きい。会社勤めだった父は、デイゲームのラジオ放送も聞くことができない。そこで夕食時、母にその日の試合の経過を聞くことが、最新のカープ情報であり、楽しみであった。母は父に試合の経過を伝えるため、必死でラジオを聞いていたという。またカープ観戦に行きたくても呉市に住んでいた両親は、カープがどんなに好きでも広島観音の県営球場へ出かけるのは遠すぎた。それに戦後の混乱期でチケット代や運賃も家計に響く。

しかし父の姉が観音に嫁いでいて、何度か「お姉さんの家へ行く」と出かけている。何の用事か母には告げず、仲のいい姉弟なんだと思いながらも、母にとっては不審な行動だったらしい。後から少しずつ分かってきたことだが、裕福な家に嫁いだ姉に甘えて、実は小遣いも頂いていたらしい。当時姉の家は、カープの開催日には球場で商品を卸す仕事していた。父はその手伝い名目で試合観戦をしていたようだ。プロ野球やカープに妙に詳しかったのに合点がいく。

父が88歳で他界した後、母が「お父さんは死ぬまで黙っていたけれど、観音でお姉さんのところへ行くたびにカープを見ていたようよ」と。カープが準本拠地として呉二河球場へ来たとき、もちろん父と母は一緒に観戦した。その時父は母にやけに詳しく解説をしてくれたらしい。戦前戦後、庶民が野球なんて楽しむ時間はなかったはずだが〝現場〟で観戦したのなら頷ける。

父は会社でも選手や試合結果に詳しかったため、'カープ応援団長' と一目置かれていたそうだ。本拠地広島県営球場で仕込んだ野球観戦経験が役にたったのだろう。

カープにのめり込む運命の日

カープ誕生から20年余り経った昭和48年、僕は大学４年生。別当薫監督が率いて、開幕５連敗と躓《つまづ》いたが、その後快進撃。春を過ぎても脱落せず、単独首位！　テレビ・ラジオ・新聞も連日の戦いをホットに伝えた。家族ともども、いても立ってもおれず、父・妹と３人で旧市民球場へ車で応援に駆けつけた。

試合は対阪神戦ナイターだったが、カープ外木場義郎投手・阪神上田二郎投手の投手戦で1点先制されたにもかかわらず、終盤逆転！　スタジアムの熱狂的ムードを全身全霊で体感した。「こんな面白いモノを今まで知らなかったとは……」これが僕の球場デビュー。カープにのめり込む運命の日となったのだ。

昔から父と母の、それぞれからカープ誕生物語を聞かされていたにもかかわらず、プロ野球観戦などとても贅沢なものだと考え、真面目に学生生活を送っていた。当時の広島大学へは電車で一時間余り、駅から大学までは広電バスで通い、いつも市民球場を横目に見ながら通学していた。ナイターは遅くまでやっており、真面目な僕にとっては、眩い照明が光る市民球場は別世界だったのである。

母はあとになって「大学入学すぐ、一度でも市民球場へ行っていたら、そのままのめり込んでしまって卒業できてなかったと思う」と、僕にカープ心を焚きつけなかったことは'正解'だったと言う。

V1胴上げ投手と僕の知られざる日

昭和49年、僕は教師になっていた。カープは森永勝也新監督のもと、成績は低迷。結局初めての3年連続最下位という屈辱を味わった。しかし個人成績は衣笠祥雄の32HR、そして金城基泰投手の20勝！ エース外木場義郎とともに大車輪の活躍。優勝目前の巨人に9月8日、14日、15日と3日間の試合でカープが勝利。優勝は中日だ。これは、巨人のV10

を阻止した大きな要因だ。最下位ではあったが、意味のある結果を残したと僕は思う。

特に期待の若いアンダースロー投手金城の20勝は希望そのものだった。それがオフに交通事故に遭遇して失明の危機が訪れてしまったのだ。プロ野球選手としての再起は絶望視されていた。

ちょうどその時、僕は東洋工業病院（現マツダ病院）へ入院していた父の友人を見舞いに行った。相部屋で隣の名前に「金城基泰」の文字が目に飛び込んできた。

見舞いそっちのけで「あのう、カープの金城さんですか?」「そうです」「えええ!」今では考えられない。カープの次期エースが一般人と相部屋での入院!「頑張ってください、巨人をやっつけてください」とお願いした。僕は当時教員一年目、「中学生、難しい年頃でしょう?」「そうですね、まだまだ経験不足なもので」等のたわいない会話もした。別れ際に金城投手は、そこらにある紙を手に取ってサインをしてくれた。

その夏に奇跡のカムバックを果たした金城投手は、守護神としてカープ悲願の初優勝に貢献、胴上げ投手になった。シーズン前、復活を目指し病院で闘病生活をしていた姿が脳裏に焼き付いている。僕の激励が、復帰の助けになれたのであろうか。
頂いたサインは、今でも福岡家の家宝として大切に保管してある。

初代プリンス大田垣

カープのプリンスといえば、なんと言っても堂林翔太選手。デビュー当時はホームランを量産してファンの期待を一身に受けていた。先輩梵英心選手も「やつはプリンスですから」とコメントしていたほどだ。『プリンス』この言葉に当てはまる条件は、まずイケメンであること、そしてファンの期待以上の活躍をすること、スマートである等々の要件を満たすことである。ではカープの歴史を振り返り、初代プリンスは誰かと考えると、カープ草創期を目撃している母の証言から一人の選手が推察できる。

草創期、準本拠地県呉二河球場に登場した素晴らしい投手がいた。昭和27年、3月21日の開幕戦。生後五カ月の僕が、母に背負われて観戦デビューしたあの試合である。高卒ルーキーとして登板した大田垣喜夫投手。まさにプリンスのデビューにふさわしい、なんと初登板初完投勝利。

実は母が大田垣を見たのは2回目だった。この開幕のプロ初登板の半年前、高校野球夏の広島県大会1回戦、呉三津田対尾道商戦でのこと。当時呉に住んでいた母は父が出勤したあと日中暇で、当時高校野球は無料だったこともあり観戦に出かけた。

呉三津田高校と言えば今は県有数の進学校。だが高校野球ではお世辞にも強豪校とは言えない。でもなぜか昭和26年の春の選抜で甲子園に出場している。ヤクルト・西武を優勝へ導いた広岡達朗 監督の母校でもある。この対戦は新設された呉二河球場で実現した。尾道商業は高校野球では古豪として知られており、その年大注目のエースが大田垣だった。

その年の春に甲子園に出場した三津田高校の試合とあって多くの呉市民が応援に詰めかけ「おまえら甲子園を知らんじゃろうが〜」なんて威圧的なヤジも尾道商へ向けて飛ばしていた。しかし相手のエース大田垣はスイスイと完封。母はシュンとした呉の応援団を見て気の毒に思ったそうだ。

シーズンオフになり、父が「尾道の、大田垣がカープに入った」と母にニュースを伝え、次の年の春には開幕戦でいきなりプロ初登板で完投勝利。父は「ええ選手が入ったもんだ」と興奮気味に母に語ったそうだ。

その大田垣、背はすらっと高くイケメン。素晴らしい速球を投げ込む。当時、長谷川良平投手がエースとして君臨していたが一人では苦しく、大田垣が入団して投手陣に厚みができ苦しいチーム事情を助けたそうだ。

おりしも当時セ・リーグはお荷物球団であったカープを排除しようと「チーム成績が勝率3割を下回ったら球団解散」と取り決めて始まったシーズンだった。しかし見事に勝率3割をクリア。球団解散の危機を乗り切った。大田垣がいなかったら確実にカープは解散させられ、今は存在しなかったはずだ。その後、大田垣は115勝して草創期の低迷チームの窮状を救った。

プリンス大田垣。イケメンで期待通りの活躍、まさに『初代プリンス』として相応しい選手だと元祖カープ女子の母は断言している。

そんな昭和3年生まれの元祖カープ女子の母は、今年令和元年で91歳。今でも毎月の俳句会に参加している。

元祖カープ女子　俳句傑作選

カープ女子　真っ赤なスタンド　春の宵

開幕間もない、まだ優勝への夢多き時期。少し暖かくなったナイターでの句

長き夜や　一喜一憂　カープ戦

シーズン終盤。「ひょっとしてCS進出?」と、ときめき抱いて、帰りの時間も気にせず応援

満月も　ファンとなりて　観戦す

マツダスタジアムがオープンしたころの弱いカープ。シーズン終盤、優勝もCS進出も可能性が消えて失意のなか、コンコースを歩いてい

て、ふと見上げると中秋の名月が
最後に俳句ともなんとも言えない一句

赤ヘルも　秋風ふきて　力尽き

もはや説明不要ですね。

ヤジ傑作選

市民球場といえば、なんといってもヤジだ。グラウンドの選手とスタンドにいるファンの距離が近いこともあり、昔は辛辣なヤジが飛びかっていた。市民球場のヤジは、スタンドの華といってもいい。洒落のきいたもの、めちゃくちゃなもの。とにかくヤジ無しでは、観戦はありえなかった。選手たちには申し訳ないが、仕事帰りのおっさんたちのストレス解消の場だったのだ。酒が入ると、ますますヤジの内容が研ぎ澄まされていく。中身は年々レベルアップ。12球団のなかでも群を抜いて面白かったし、激しかった。ここでは僕が耳にした面白いものをいくつか紹介したい。

巨人戦、中畑清選手が現役のとき、市民球場の一塁側から
「中畑さーん」
と、二人の若い女性が甲高く黄色い声を張り上げた。そこですかさず後ろのおっさんから
「親の指導が悪いどー」
これには皆大爆笑！

阪神戦の投手小林繁がスパイクでマウンドの土をならすように足下を掘っていた。
「コラァ、掘るな！　ここ市民球場はおまえらの球場（甲子園）のように高校生にくれてやるような安い土じゃあないどぉ‼」
おりしも甲子園で高校野球夏の全国大会真っ最中、高校球児がゲーム後、思い出に甲子園の土を持ち帰る時期に合わせたヤジ。

でも甲子園の土の方が高価？

巨人外野手が外野の芝生をスパイクで引っ掻いていたのを見て「コラァ、芝を傷つけるなぁ。ここ市民球場の芝はおまえらの球場のようなニセものと違うんどぉ！」

後楽園球場が球界初の美しい人工芝に新装した年の話。でも『広島市民球場の美しく見える芝は実は雑草』と、その日の新聞に書かれていた。

昭和50年、10月の優勝争いから脱落したヤクルト。逆に優勝目前のカープ。ヤクルトの選手に

「目標のないチームは魅力がないのぉ」

と、相手を貶《おとし》めるヤジ。26年間、他チームファンに言われ続けられ悔しかった日々。今までの鬱憤を晴らした'言葉'だ。ヤクルト選手さん、本当にごめんなさい。カープはこの日、優勝マジックナンバー3が点灯した。

初優勝の少し前の対中日戦。中日に「代打正岡」が告げられ、正岡真二選手がバッターボックスに立ったとき、「おい、正岡、監督に肉を食わしてもらえ！」。正岡選手はプロ野球選手にしては細い体で、今にも折れそう。でも俊足好打の内野手、期待の選手だった。

それから30数年後、僕が野球部顧問していたころ、広陵高校のグラウンドで行われた練習試合でのこと。強豪校の練習試合にはプロのスカウトが顔を見せるのはよくあることだ。僕の所へやって来た中日ドラゴンズのスカウトが差し出した名刺に「正岡真二」とあった。

思わず「肉を食べさせてもらいましたか？」と聞きそうになったが、もちろんなにも言わなかった……。スカウトになっても、スラッとしたかっこいい体型だった。

市民球場、21時過ぎの終盤でのこと。カープのチャンスの時相手チーム監督がマウンドに出てきてなにやら長話を始めた。当時は監督がマウンドに出てくることも普通だった。

「こらー、早うせえ、わしゃあ、明日朝6時から田の草とるんどぉ」
そこへ
「船が出るどぉ」
江田島行きの最終の船の時刻が迫ったのだろう。さらに後ろから
「わしゃあ、芸備線で帰るんじゃ」
とスタンドのあちらこちらから怒鳴り声が聞こえてきた。
でもゲームが進み今度は一転、カープの大ピンチ。マウンドにカープの内野手が集まると
「ええどお、ゆっくり納得いくまで話し合え！」の声。
帰りを急いでいるはずじゃなかったの？

ヤジそのものは毎試合たくさんあったのだが、初優勝前は、ほとんど耳を塞ぎたくなるような酷いモノばかりが飛び交っていた。だが当時、そのヤジを耳にするのは酔っ払ったおっさんばかりで、子どもたちへの気配りは必要なかった。

愛あるカープ球団のスタッフさん

母と約束して市民球場で出会う予定だった。その日は、内野指定席で観戦するつもり。平日ナイター、僕の仕事が終わって合流予定だった。

仕事が終わって急いで市民球場へ行ったら、スタンドにいるはずの母が、入り口で待っている。「先に入場したんじゃないの?」「チケットを家に忘れた」と、入り口の切符切りのお兄さんと待っている。

「息子と隣の席じゃから」

「豊田郡の川尻まで1人で帰られん」

「田舎からはるばる出てきて、この年で放り出されたら困る」

「この日のために準備してきた。帰るわけにはいかない」

「息子が来たら分かるから」

「指定席だからこの席には誰も座らん」

云々。かなり粘ったらしい。これに負けてか、仕方なくスタッフのお兄さんも待ってくれていたのだ。

僕が到着してやっと信用してもらえた。ほのぼのとしたやりとりで信用してもらって無事入場。さすがに親子別れ別れには出来なかったらしい。今、マツダスタジアムでは絶対にダメでしょうね。

めでたしめでたし。


しかし今のマツダスタジアムでも、スタッフさんは母に優しい対応をしてくれる。年間指定席近くのエリアでチケット確認する人とは、僕も母も顔馴染みになった。平成30年の豪雨災害時には、母は全く観戦に行くことができなかった。また、夏場のあまりにも暑い日だと、母の体調を考慮して観戦を控えさせることもある。そんな母が球場にいないとき、いつも僕にかけられるのが、「お母さん、今日はどうしたの？　元気？」という言葉だ。

ファンのことを気にかけてくれている。母が来ることを、自分の親戚のように気にしてくれる。

ありがたい、ありがたい。

【コラム】 憧れの年間指定席に手が届いた！

昭和50年の初優勝以前のカープファンの熱狂ぶりは、今よりも凄まじい。自分たちが作り上げた球団というのがファン一人一人にある。広島に夢と希望を与え、樽募金を始めファンに守り育てられてきたチーム。他球団とはまた違ったファンの強い思い入れがあった。そのせいか、当時セ・パ12球団の年間指定席の売り上げ状況は、当時のプロ野球雑誌によると、完売は9連覇中の巨人と一度も優勝していないカープの2球団だけ。

その完売状況に追い打ちをかけるように、嬉しくもカープが初優勝してしまったものだから、年間指定席のチケットを手に入れるなんて雲上の話。昭和48年から観戦を始めた僕も年間指定席の人々は『選ばれた人々』だと思っていた。

昭和51年は結局、毎試合球場の窓口でチケットを買って観戦したが、優勝を左右する大切な対戦であった8月の巨人戦3連戦は、前売り一時間で完売!! 勤務中の僕にはどうすることも出来ず、打つ術は何もなかった。残念で残念で仕方なかった。

こんな経緯で迎えた翌昭和52年。年々増えるファンに対応して市民球場に外野スタンドが10段増設された。年間内野指定席は完売で、多くの要望から、増設を契機に球団は年間外野自由席チケットを新しく売り出した。2万円！ 1試合あたり334円程度、割安だ。

当時僕の手取りが8万円弱。2万÷12＝1700円弱のお小遣いを貯めれば、手が出せる額だ。仕事を2時間ほど時間休をもらって販売日に並んだ。あまり混雑していなかった。購入者は毎年更新できるのも決め手だし、家族、特に母を連れて観戦できると思い2枚買った。

これで大切な天王山の対戦もチケットの心配をせず入場できる。小遣いにも、負担は少ない。

さらに翌年、自由席から年間指定席「ホームランシート」が登場した。外野席のレフト、センター、ライトの3ヵ所に新設された赤い座席の指定席だ。値段は2万5000円。これでも小遣いに負担はない。以後昭和56年までに3万5000円に順次値上げしたが、もちろん手放さなかった。得た席はレフト側の広電「原爆ドーム前」電停からすぐの良い席だ。前から3段目、通行人も邪魔にならないしかも端席だった。

この席で2度の優勝を経験した。日本シリーズのチケットは、年間指定席保持者には優先販売の特典があった。連続日本一を目の当たりにするにあたって、この年間指定席が大きく役に立った。同僚にもドヤ顔で「カープの応援、全試合行くよ」と自慢したものだ。こうして、外野の年間指定席を買い続けた。

年間指定席の更新は毎年、シーズンオフの10月に行われる。

内野年間指定席の完売状態は昭和56年まで続いたが、この年カープは優勝を逃がした。シーズン後にはもちろん翌年の年間外野指定席を更新は決めていた。当時は直接支払いシステムだったので、僕は球団事務所に赴いた。そこで「内野年間指定席募集」の張り紙が出ていた。「えええ！空きがあるんですか？」職員に聞いた。どうやらいくらか空いたらしい。ただし一席10万円‼　公衆電話から家に急いで電話、母に「どうしようか」と相談。母は「まぁ、好きにしんさいや」と一言。このチャンスを逃がしたら一生後悔するだろう。財布を探ってお金を確認、この日更新で多めに持っていて小銭まで集めたらちょうど10万円持っていた。月額にすると8千円余り。安月給でも一席なら何とかなりそうだ。今買わなければ、もう二度と内野の年間指定席は手に入らないかもしれない。売り切れる危険を感じ、どうしても席を手に入れたい衝動を抑えられず、結局買ってしまった。

空いた座席表から選んで席を決め、すぐにスタンドへ走って登った。「これか！」端席だった。ハンカチで席を拭き、座ってみて景色を確認。開幕戦を想像しながらしばし思いにふけった。思いもよらないタイミングで、入手できたことに感謝。実はこの年、僕の結婚も決まっていて昭和57年は妻と年間指定席をゲットし、僕は〝両手に花〟状態だった。どっちがより嬉しかったかは内緒だ。墓場まで持っていく。

ここから毎年更新して現在に至る。昭和61年市民球場改築、席も新しくなった。さらにマツダスタジアム開場。通算外野席5年＋内野席38年と、足掛け43年間、年間指定席の購入を継続している。その間、計9回の優勝を目の前で体験した。

第二章 スタンドで目撃したもの

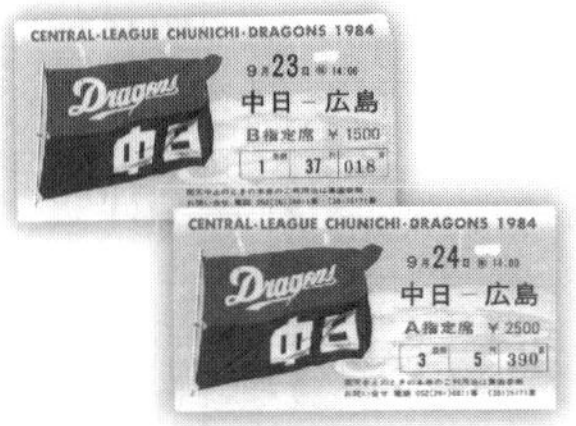

母の入院中に内緒で、ナゴヤ球場の天王山決戦を観戦。昭和59年（1984年）

昭和54年（1979年）の日本シリーズは広島市民球場レフト側ホームランシートで応援

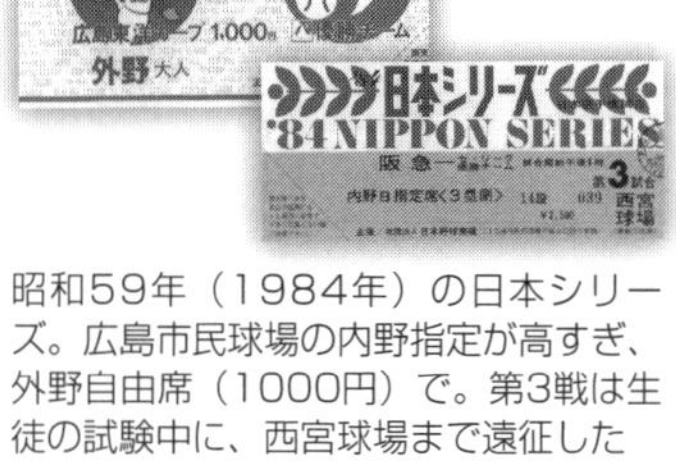

昭和59年（1984年）の日本シリーズ。広島市民球場の内野指定が高すぎ、外野自由席（1000円）で。第3戦は生徒の試験中に、西宮球場まで遠征した

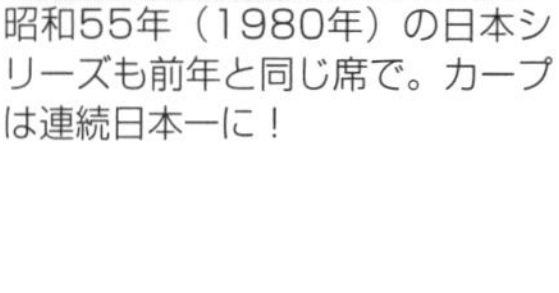

昭和55年（1980年）の日本シリーズも前年と同じ席で。カープは連続日本一に！

ガラガラの観客席、それでも僕は球場へ

昭和52年はトレード失敗などで下位に低迷し感動の初優勝から一転、翌年のファンの心は失望が支配。スタンドは夏も終わりになると、秋の風が吹くようにすっかり寂しくなった。あの熱気はどこにいってしまったのか。この年、低迷したままシーズン終盤での大洋戦を向かえた。その夜、降り続く雨の中の寂しいスタンド。試合開始後、いつまで経ってもスタンドが埋まらない。

「少ないのぉ」。ガラ空きに慣れたファンもさすがに呆れるほどだ。負け続けても、何があっても駆けつけるいつものファンも、寒さも手伝って、球場に入って来ない。そこで外野で観戦していた僕は、一人ずつ観客を数え始めた。ゲームも盛り上がらず退屈だったのだ。「1人、2人……、251人……500人、750人、751、752」。内野も外野も全部数えてこのくらいかなと、とにかく一人ずつの姿が確認できるほど少なかった。その後数人が入場したようだが、そんなに誤差はないはずだ。

だが翌日の新聞には『観衆1500』と発表されたのを見て「そんなことないよ」とつぶやいた記憶がある。当時観客数の発表はどんぶり勘定。適当だった。球団も多めに発表したのだろう。翌日は母と観戦したのだが、スタンドに入るや「今夜は多い！」と叫んでしまった。新聞での発表は3000人。昨夜の倍！　もちろんガラ空きなのだが。これに母が「変なこと言いんさんな、スタンドがら空きじゃないの！」。

でも昨夜のように、一人ずつ数えるのは多すぎて無理だ。優勝争いから遠ざかった悲しさを物語る風景。当時のカープファンは、本当に正直だったなぁ。

プロ野球初！　トランペット軍団誕生の瞬間

それは大合唱から始まった。

昭和52年9月4日。対阪神戦4対17の出来事だ。

この年、開幕からカープは低迷して夏休みが終わるとすっかり消化ゲームの様相を呈していた。観客も激減し、寂しいスタンド。投手起用も来シーズンを見越して若手を起用していた。

この夜の先発は、広島工業から入団した小林誠二。二軍で好投して、期待の登板だった。小林はよく投げて6回まで1失点。ギャレットの逆転2ランホームランも飛び出して寂しいスタンドは万歳万歳。外野のファンも大喜びだった。当時の僕はレフト側の外野席で見ていた。

しかし、7回表、小林は勝ちを意識したのか、大きく崩れて大量10失点。逆にスタンドは敗戦ムードになってしまった。古葉竹識監督は、いつまでも小林を降板させない。

そこでスタンドから「こないだまで、まだ高校生じゃろう。甲子園球児のように最後まで頑張れ！」と激励の声援が飛んだ。おりしも対戦相手は球児の憧れ甲子園球場を本拠地とする阪神タイガース。センター付近のカープファンのなかからコンバットマーチの「ターンターカタカ！ターンタカ……」とやけ気味な大合唱が湧き始めたのだ。コンバットマーチといえば、高校野球定番の応援曲。当時、高校生のための応援曲をプロ野球に持ち出すことは、とても恥ずかしいことだった。

それを見たレフト側のカープファンは冷ややかに「なんじゃあ、あいつらぁ」。それでも止めず「阪神倒せー、オー！」甲子園の応援風景が延々と繰り返された。そのまま反撃もなくゲームセット。

ところが一夜明けて次の日も接戦、リードされてやや苦しい展開。そこで再びコンバットマーチを歌い出した。昨夜のことを知らないファンから「なんじゃ、ありゃ？　恥ずかしいのぉ」と声が聞こえたが、それでもやけ気味の大合唱の輪が増えていき応援は止まない。翌日の中日戦へと歌い継がれた。「おい、高校野球じゃあるまいに。プロ野球でぇ！」とファンとして恥ずかしいと怒鳴る人もいた。

さらにカードが進んで巨人戦。巨人戦だけは消化ゲームでも観客がいつもの倍以上入り久しぶりの賑わいを見せていたが、ゲームはリードされて劣勢に。もうファンは黙っていられない。コンバットマーチの大合唱がセンターの一角から飛び出した。周りのスタンドは苦笑し、大声で歌い続けるファンを冷ややかに眺めていた。しかし、次第にそのリズムが外野で見守るファンを巻き込み、結局「巨人を倒せーオー」と外野全体に広がった。次第にサマになってきた。巨人のセンター柴田勲選手は呆れてスタンドを眺めていた。

その後、何度かこの大合唱が行われてこのシーズン5位で終了。しかし、この成功？　に味をしめたのか、このまま終わるカープファンではない。翌昭和53年、本格的にトランペットを持ち込んで、盛大にコンバットマーチを吹き始めた。最初は戸惑ったファンも次第に慣れ内野席にまで浸透して、「巨人を倒せーオー」、と球場全体での応援となったのだ。

そのトランペット軍団のコンバットマーチに乗せられてかチームは後半、連勝で勝ち越し。「優勝は逃がしたが、今年のＭＶＰはトランペット軍団」と新聞に見出しが載った。今では当たり前に目にするトランペットでの応援スタイル。そのルーツはファンの歌声。つまりカープへの果てしない愛情から生まれたものだったのだ。

翌昭和54年、カープはＶ２達成をした。日本シリーズの相手は近鉄バファローズだ。当時は交流戦もなくパ・リーグの近鉄なんて選手の名前も分からない。当然近鉄側もカープのことなど知らなかっただろう。迎えた日本シリーズ第３戦。広島へ乗り込んだ近鉄選手には、熱狂的なカープファンを警戒して、選手はホテルから一歩も出てはいけないと決めたそうだ。広島のファンの熱狂ぶりは内外に知れわたっていた。そんなチームに気合い負けをしてはいけないと準備してきたものは、市民球場三塁側の一角にロープで仕切られた近鉄応援席に陣取ったブラスバンドの演奏者たち。指揮者までいる。もちろん音も素晴らしく、さすがプロの演奏！　カープのトランペット軍団に気後れしないようにと球団の配慮だったのか。明らかに違和感だらけの風景だった。ちなみに翌年も同じ近鉄が相手の日本シリーズだったが、カープは連続日本一に輝いた。

　それから４年後の昭和59年、４度目のリーグ優勝を果たし、日本シリーズは金持ち球団阪急ブレーブスが相手だった。このチームも素晴らしいブラスバンド部を送り込んできての応援。チアガールまで動員されていたのだ。音、華やかさでは完全に負けていたが、シリーズは４勝３敗でカープが日本一に輝いた。高く鳴り響くトランペットの音とともに、ファンも我先にとスタンドへ駆け込んでいた。あの凄まじい興奮に満ちたエネルギーは、今では体感することができないほどのものだった。愛するカープの勝利を願い、選手を鼓舞するために行われるトランペットの演奏とそれに合わせて歌われる応援歌。カープ黄金期はもちろん、現在でもトランペット軍団が勝利を後押ししていると、僕は思う。

目の前で巨人が胴上げ　無念すぎるあの日

初優勝した翌年の昭和51年。カープは開幕で躓《つまづ》き10試合消化して1勝7敗2分け！　最悪のスタートを切ったが、その後は前年の優勝の勢いを取り戻したかのように勝ち星を重ねて、8月中旬には首位巨人に数ゲーム差にまで追い上げた。

迎えた市民球場での8月の巨人3連戦が優勝を占う『天王山』となった。当時年間指定席を手に入れられずに当日券で観戦していた僕は、この試合をもちろん応援に行こうと思ったが前売り券は平日販売のみで、販売開始1時間で全席完売！　テレビ観戦に甘んじたのをよく覚えている。カープはここで負け越して、優勝は巨人に大きく傾いたかに見えた。対する巨人は長嶋茂雄監督2年目。優勝の行方を意識しすぎたのか終盤、思うように勝てず、優勝決定は最終のゲームにまでもたついてしまっていた。

憎き巨人が、優勝を決められず、よたよたと広島までたどり着いてきたのだ。迎え撃つカープファンは「優勝は逃したが、広島では胴上げをさせない！」と優勝阻止に俄然燃えていた。前年、後楽園球場で巨人の目の前で優勝を決めたが、今年の舞台はその逆。決して胴上げを許してはならないのだ！

そしてこの試合、カープが勝てば、巨人の自力Vが消滅。あとは2位阪神が負けるのを、指をくわえてただ待つだけの屈辱が巨人軍には待っている。カープが負ければ、目の前で巨人の優勝を見ることになる。巨人ファンだけでなく世間のアンチ・ジャイアンツたちも注目の一戦であった。

この日は消化ゲームを予期して、土曜日の奇妙な時間帯12時半のゲーム開始。もうこの頃には、とっくに優勝を決めているはずだった巨人。本当は明るいうちに東京へ帰って、日本シリーズの準備をする予定だったのだろう。

当時の僕は、坂町の中学校に勤めていたが、土曜日は午前中授業！12時15分には授業が終わる。坂からタクシーを飛ばせば、1時間程度で市民球場へは着く。一緒に観戦する予定の母は、川尻から先に到着して待っていた。僕は授業終了に合わせてタクシーを予約して、門の前で待ってもらい、万全の体制で、前代未聞の優勝阻止ゲームを目撃したいと準備。渋滞もなく高いタクシー代を払って球場へ入った。ゲームは3対1でカープがリード、阪神もリードしていた。

巨人ファンは6000人も三塁側を占領していた。この光景にもびっくり仰天。市民球場のスタンドを巨人ファンが占領している！　後で知ったが東京から大応援団が新幹線で来ていたのだ。しかし結果は、そのまま追加点が奪えず、逆転されて惜敗。東京から来た巨人ファンが、長嶋監督の胴上げに歓声をあげた。悔しくて悔しくて。帰宅したら熱狂的なカープファンの叔父が「おい今日は勝てたはずじゃ、残念で、悔しい、飲もう」とやってきた。結局夜遅くまで愚痴を肴に酒を飲んだ。

スタンドはゴミだらけ!!

昭和54年、開幕4連敗でスタートしたこのシーズン。昨シーズン定着したトランペット軍団に後押しされて、徐々に巻き返して迎えた暑い夏。8月は14勝6敗3分け、9月も13勝3敗3分けの驚異的な快進撃で終盤は向かうところ敵なしで、10月6日に歓喜の地元胴上げを果たしたカープ。衣笠祥雄選手が骨折をしながらも、連続試合出場が途切れる危機を乗り越え、抑えの江夏豊投手も頑張り、観衆は入場者数145万人の新記録達成。話題に事欠かなかった。

市民球場でV2を自力で決めたその夜、もちろん僕もその場にいた。球場は歓喜に酔いしれて、ゲームが終わっても誰一人帰らない。「万歳、万歳、万歳！」歓声が途絶えない。大興奮の状態で時間が経過し、23時14分発最終電車の時間が迫ってきた。遅れると帰れないのでやむなく歩いて広島駅へ向かった。

翌10月7日。この日も阪神戦ナイターだったのだが、スタンドに入ってびっくり。なんとゴミだらけだったのだ。

思えば前日、歓喜の胴上げは土曜日だった。スタンドでは何時まで騒いだのか分からない。ゴミから想像するに、ゲーム後、掃除が出来ないまま朝になったようだ。なぜ掃除ができなかったかは定かではない。おそらく、ファンが残っていたから、ただ単に掃除ができなかったのだろう。それとも初めての地元胴上げで掃除の職員も振る舞い酒で酔っぱらっていたのだろうか。歩けないほどの酷いゴミに埋まった外野スタンドでプレイボール。今では考えられない光景だ。「ゴミに埋まった」は、オーバーな表現ではない。胴上げの日、満を持してファン各自が一斗缶いっぱいに持ち込んだ花吹雪、紙テープかなにか分からない新聞紙の切れ端。それらが何層にも重なって文字通り「歩けない」ほどのゴミだった。しかし、ゴミにまみれたスタンドに文句を言うものは一人もいなかった。

その後、地元胴上げをしたのは、12年後の平成3年10月13日の阪神戦ナイターだったが、ゲーム後、球場のグラウンドでビールかけをした。それを球場で見ていたファンたちも、遅くまで騒いだはずだ。

その翌日は市民球場ではゲームが無かったので、スタンドはゴミが溢れる光景にはならなかった。

さらに27年後の平成30年。V9で地元マツダスタジアムで胴上げを決めたときにも興味を持って見ていたが、ゲームが終わるとスタンドのファンは淡々と夜の町に繰り出した。ちょっとがっかりした。あの歓喜を知っている僕としては時代の流れを感じた。

昭和54年　この年の優勝の数字が高校入試に登場⁉

昭和54年はV2の年。開幕4連敗とし、不安なスタートだった。さらに5月半ばで再び4連敗。一つ勝ってまた3連敗など、苦しい展開が続いた。衣笠祥雄選手の不振が長く連続フルイニング記録も途絶え、おまけに骨折。連続試合出場も危ぶまれるなど波乱続きで、とても優勝なんて見えなかった。しかし色々な危機を乗り越えた夏に、高橋慶彦選手が33試合連続ヒットの日本記録を達成したころから戦力が整い、なかでも抑えの江夏豊選手の活躍で勝ち星が増えてきた。

終盤9月は13勝3敗3分けで一気に優勝に向けて走り出した。10月6日歓喜の地元胴上げ、夜遅くまで歓喜に浸った。日本シリーズもあの『江夏の21球』で制して日本一。素晴らしい年になった。

実は、優勝へのマジック点灯前後の勝ち星の話を、授業で生徒たちに説明したことがある。そしてそれが、なんとそのまま広島市内の女子高校の入試問題に出題されていたのだ。ドヤ顔で校長に話した。

その問題とは『現在、カープ○○勝、2位大洋が○○勝。直接の対戦が○○試合。2位チームの他との対戦で、あと何勝すれば優勝できますか?』だった。全く同じペナントレースの状況での設定だった。まじめにカープを応援していた受験生なら、きっと迷うことなく解答できたと思う。

安仁屋投手　昭和55年日本シリーズ

安仁屋宗八さんと言えば、ラジオでカープ愛のコメントとともに、ズバッと切り込む解説。もう、すっかり爺さんであるが、エース外木場義郎投手とともにカープ低迷期を支えた忘れてはならない投手である。安仁屋投手は巨人キラーとして昭和49年まで大活躍したが昭和50年にルーツ監督になって阪神へトレードされてしまい、初優勝のときチームにいなかった。しかし、その年阪神では最優秀防御率のタイトルを取った。それから5年後の昭和55年、古葉竹織監督が招いてカープに帰ってきた。引退間近でそれほどの戦力にはならなかったし、僕も復帰してきたという記憶がない。

しかし昭和55年、この年の近鉄との日本シリーズで投げている。シリーズ第一戦、延長12回表に決勝ホームランを打たれ6対4。スタンドのファンはショックで声が出なくなっていた。呆然とゲームを眺めるなか、安仁屋投手が敗戦処理で登板していた。僕を含め、ほとんどのファンが負けゲームのショックで記憶していないはずだ。最終登板が日本シリーズ、劇的だが僕の記憶に残らない気の毒な投手。僕は申し訳なくて安仁屋さんをテレビで見る度に、今でも「ゴメンなさい」と謝っている。

ナゴヤ遠征　母の入院中に

昭和57年、58年シーズンは僕も久々に優勝を逃がしたが、翌59年は開幕後に12連勝するなど、快進撃で首位独走状態で楽しい日々を過ごしていた。

2年前に結婚した僕は新婚生活を大竹で送っていたが、その年の秋、川尻の実家の母が体調を崩して呉の病院へ入院。妻、長男とで何度も川尻へ行って見舞った。

昭和59年の夏を過ぎるとカープは優勝へカウントダウン。中日だけがカープに離れず頑張って迫ってきていた。日程から逆算して「9月の彼岸にナゴヤ球場で優勝を左右する決戦になる」と判断した。そこで小遣いをためてその彼岸の連休に名古屋へ行くことにした。8月にチケットは簡単に取れたが、その日が近づくにつれ入院中の母のことが気になって、母に打ち明けた。「実はナゴヤ球場でのチケットを持っている」。こんな状況で、チケットは捨てても仕方がないと覚悟していたら母から予想外の言葉が返ってきた。「あんたを行かせんかったら一生恨まれそう、行きなさい。親戚には黙って分からないように、こっそり。体は回復に向かっているから」。夏の疲れが酷く点滴を打っている病状だが、命には別状なさそうだ。

親戚に知られないように極秘に名古屋へ向けて出発した。ナゴヤ球場は市民球場に劣らず古いスタンドで親近感を持てた。ゲームは引き分けだったが前日点灯した優勝へのマジックナンバーはひとつ減った。球場ではカープファンのなかにその年新入団した伊藤寿文選手の両親もいて、「広島で息子さんを応援しますから」と約束して名古屋をあとにした。その後、母は順調に回復して大きな問題はなかった。今や時効だ。

この昭和59年は衣笠祥雄選手の大活躍で10月4日横浜で優勝決定。V4である。長嶋清幸選手の連夜のサヨナラホームラン。とにかく強いカープを印象付けたシーズンだった。日本シリーズも制して3度目の日本一に輝いた。

安い紅白『餅』と高い紅白『饅頭』の話

『もち』と『まんじゅう』の違いをみなさんはお分かりだろうか。

昭和59年のカープは衣笠祥雄選手の活躍や、小早川毅彦選手の加入もあり独走で優勝した。この年、僕は大竹市にある大竹高校に勤務していたが「せっかく優勝したのに、なにもしないのは寂しい」と妻と話をしていた。その結果、二人で考えたのが、「紅白餅を作って周りに配る」という僕たち流のお祝い方法だ。

早速、大野町の餅屋さんに注文した。2000円で出来上がった餅は、紅白30組。やや小振りだったが、満足のいく出来上がり。お店任せだったが結構たくさんの数だ。翌週の月曜に職場へ持って行き、身近な先生たちに配った。事務室では、ぜんざいに入れたそうである。もらった先生たちも大喜び。餅は小さいが優勝の喜びを分かち合えたことは大きかった。

それから時は流れ、7年後の平成3年のカープ優勝間近のこと。高校・大学の先輩であるK先生が、当時僕が勤務していた熊野高校に転勤してきた。優勝マジック点灯の頃から、毎日「福岡さん、紅白饅頭を配るんじゃろ？　わしゃ知っとるど、大竹の話きいたど……」

7年も前の紅白餅の話が、紅白饅頭を職員全員へ配った、と、話がどこでどんなふうにすり替わり大きくなったのか分からない。饅頭を全員ではなく、餅を限られた人に配ったはずなのに…。

そしてついに優勝目前マジックが2まで減った時、先輩K先生が威圧的に「福岡！　分かっとるのぉ、紅白饅頭だどぉ、待っとるからのぉ」と、「……」。優勝決定を指折り数えていても、心は曇ってきた。ほぼ全員の職員にいきわたる数を計算して、仕方なく実家のある川尻の饅頭屋さんに紅白饅頭を優勝決定の4～5日前に予約。饅頭は作り置きができないので、オーダーの際には再度電話をすると饅頭屋さんに伝えた。値段はというと、紅白饅頭１００組、総額2万円！　餅を注文したときの10倍だ。こんなに高くつくとは思わなかった。

そしてついに10月13日のその日、ダブルヘッダーの第二試合。優勝目前。妻に電話して「饅頭作りのゴーサイン」を出した。見切り発車だ。夕方までに注文しないと明日の朝に間に合わない。

その後カープはそのまま優勝を決めて歓喜の胴上げ。僕は帰って祝杯。妻が「注文の饅頭100個届いたよ」と。その翌朝、平素は電車通勤だったが、その朝は車で早めに出勤し饅頭を職員室へ置いた。「カープファン、そうでない人もどうぞ」と張り紙をして職員室を後にした。

　職員はちょっとざわついたが全員が饅頭を手にしていた。全員からお礼の言葉と優勝のお祝いの言葉を頂いたが、高額の出費は痛かった。

ただ、この高い饅頭のおかげで、その日から仕事はみんなが僕に協力してくれ、快適に過ごすことが出来た。良いのか悪いのか？　高い饅頭の効果は絶大だった。

第三章

仕事はきっちりやりましたよ

幻の逆転優勝をかけた平成6年（1994年）10月1日の、阪神甲子園球場の入場券（未使用）

丸一日並んで買い求めた昭和61年（1986年）日本シリーズのチケット。このチケットは第2戦のもの

昭和59年（1984年）の日本シリーズ１戦目は広島市民球場の内野指定席が高すぎて、安い外野自由席（1000円）で観戦。3戦目は、国鉄がカープ応援企画で応募したもの。生徒は試験を受けているなか、新幹線で西宮まで遠征

中間試験を投げ出して

昭和59年、カープは4度目のセ・リーグ優勝を成し遂げ、日本シリーズの相手は本拠地を西宮球場とする阪急ブレーブスとなった。当時の日本シリーズは曜日関係なく午後1時からのプレイボール。この年昭和59年は広島で第1～2戦が行われ、3～5戦は西宮球場で行われた。

西宮でのゲームは国鉄がカープ応援企画として新幹線＋観戦チケットをセット販売。大竹駅で第3戦のチケットと新幹線乗車券を買って西宮遠征を計画した。僕は大竹高校に転勤して4年目、おりしも高校は二学期の中間試験中だった。生徒は試験で大変でも、教員は自分の担当科目の試験がある日以外は日程を空けることができる。そこで日程をやりくりし、試験監督を他の先生と交代して年次休暇を確保。朝、ショートホームルームで生徒に「試験、しっかり頑張れ」と激励して、ゆっくり教室を出るや否や、駆け足で大竹駅へ直行！　広島駅で新幹線に乗り換え、西宮には思ったより早く着いた。

試合は長嶋清幸選手の満塁ホームランなど、4本のホームランで快勝！　気分良く広島へ帰った。翌日、なにごともなかったように生徒に「今日もしっかり！」と激励した。生徒には申し訳なかった。当時はきれいで立派だった西宮球場も今は取り壊されている。なお、シリーズは４勝３敗で、カープは３度目の日本一に輝いた。

ギリギリでチケット入手

昭和61年、５度目のセ・リーグ優勝、日本シリーズの相手は西武ライオンズだった。広島で土・日曜に開催するので、数学科の先生と土曜日の開幕１戦を一緒に観戦することになった。外野自由席のチケット購入は、僕が代表して担った。

当時は球場窓口で並んで買う。年間指定席所有者には優先販売があるが、購入できるのは自分が持っている席の数だけだ。大勢で連れ立って行くには、並んで買うしかない。それに優先で買える内野指定席は、当時とても手が出ないほど高かった。外野１０００円に対し、内野はその３倍以上の値段だったのだ。この年も二学期中間試験の真っ只中。試験監督の仕事を他の日に代わってもらい、平日販売に臨んだ。僕の年休の取り方は、いつでもカープがらみだ。

　その年は観客動員が下火だったのでチケットは気楽に買えると思ったが、日本シリーズに進出したとたんに人気が沸騰。チケット取得に広島中が大騒ぎとなっていた。チケットは9時から販売開始だったため、当日は朝早く家を出て、8時には広島市民球場に着けばいいと思っていたのだが……。

　翌朝、僕が目にした光景は、予想をはるかに超える長蛇の列であった。球場の周りをぐるっと人が幾重にも取り巻き、最後尾は敷地を完全に外れ、球場裏手のファミリープールまで伸びていた。そこからが大変だった。チケット販売が始まっても一人ずつ「1戦が何枚、2戦が何枚、6戦、7戦、合計何円です」こんな調子で対応するものだから、なかなか進まない。正午を過ぎても、まだ列がたくさん残っている。

　15時を過ぎた頃から不安が襲ってきた。16時を過ぎて「内野自由席、完売しました」との放送。17時の夕暮れ時になって、やっと僕の買える番が近づいた。胸をなで下ろしたのも束の間、整理係が「第一戦のチケットはこの辺りで完売の模様です」と僕の目の前の人を示した。『心が凍る』とはまさにこのこと。不安で不安で、仕方がなかった。しかし野球の神様は僕を見放さなかったようだ。運良くあと数枚残っていて、チケットにありつけた。苦しい行列9時間だった。ぐったりしたが、嬉しさのほうが増し、疲れは吹っ飛んだ。僕は、責任を果たしたのだ。休みをとった価値があった。

次の日、人数分のチケットを手に、ドヤ顔で数学科の面々に配布した。昨日の出来事を、休憩時間中、同僚にドラマチックに話したことは言うまでもない。その年の暮れ、県外に住む元同僚に宛てた年賀状に、その時の様子を細かく書いた。彼からの翌年の年賀状には「真面目に仕事したら？」と一言。もちろん真面目に仕事はしている。なお、このシリーズは史上初の第8戦までもつれ、結果はカープの3勝4敗1分。惜しくも日本一にはなれなかった。

カープ観戦の危機を乗り切った！

大竹市は広島県で最も西に位置している。一見、広島市内から遠く思うかも知れないが、実は「ひろしまシティ電車」が、大竹より西の岩国〜広島間は15分間隔で運行されていた。つまり観戦に行くにはとても便利なところだ。実家のある呉市川尻町と比較すると距離も近く、電車の本数も多くて格段に良い環境だ。昭和60年、大竹高校勤務最後の年には結婚して、大竹に住んでいた。カープ観戦に障壁はなかった。新婚生活とカープ観戦とを楽しく過ごした期間だった。

そんなある日、次の勤務校転勤の話で校長室へ呼び出された。「来年、東部のT高校へ行ってくれ」。川尻の実家からはとても近いが、広島とは反対方向だ。この人事には、僕を里へ帰らせようという配慮もあったようだ。しかし、カープの観戦にはとても不便すぎる。当然渋った。何度も呼び出されて「川尻に近くて、中学校勤務経験者がほしいと言っている。こんな良い条件が他にあるか、なんで困るのか」と、咎めるような校長の表情。それでも首を縦に振らず渋った。

「いったい、どうしたんか？」。県東部の高校へ転勤するということは、すなわち広島市民球場へは遠すぎて、勤務後のカープ観戦が出来ない。いわば『カープ観戦の危機』だ。そこで恐るおそる返事をした。「……カープの年間指定席を持っているんです……」。すると校長は天井を見つめて、しばらく無言になった。怒られると思い怖かった。その沈黙の時間、2〜3分。いや僕にはそれ以上に感じた。校長は怒ることを通り越してこの私的な理由に呆れたのか、「もういい」と言い放ち、僕は数学研究室へ帰された。その時の雰囲気は「こんなバカとは話ができない」といった感じだ。話を聞いた同僚は「県と校長が考える人事をそんなカープ観戦のようなバカげたことで拒否するなんて、ダメだよ」と呆れられた。それから一度も呼び出されることはなかった。

すっかり諦めて過ごしていた3月下旬、運命の内示。校長室へ呼び出されて「あなたは熊野高校」と校長からたった一言。「えええ！」と心で叫んだ。僕は「ありがとうございます！」と答えた。覚悟していた県東部ではなかったのだ。校長は僕の心情を汲み取りカープ観戦を考慮してくれたのか、単に幸運だったのか、未だに不明だ。普通なら転勤校についての簡単な理由は喋ってくれるのに、何も言及されることはなかった。今でも不思議で仕方がない。

山間部にあるが、呉と広島の中間点にある熊野高校は、市民球場から直線距離にすると15㎞弱。ここなら工夫すればどうにか勤務後に市民球場へ行くことは可能だ。思えば、この時の転勤話はカープ観戦人生の最大の危機だった。

平成元年の開幕ショック

セ・リーグが発足して40年目の平成元年、カープは新監督山本浩二の下、スタートした。ユニフォームも一新して、まぶしい白、胸には大きなCマーク。40年目に相応しい期待の開幕であった。

4月8日に行われた土曜の開幕戦はデイゲーム。この日、熊野高校では午前中のみの授業の後に離任・退任式が行われ、午後からは恒例となった職員の歓送迎会が行われる。

会場は熊野町内の割烹料理店、幹事役は数学科。僕も数学科の一人として退任・離任する先生をもてなす役目だったが、カープの地元開幕と重なって、なんとか開幕戦を見に行く方法を探っていた。

他の数学の先生と宴会の準備・会の進行をするのだが、僕は準備の役目を進んで受け持った。開会時刻には会を抜け出ようと、密かに企《たくら》んでいたのだ。

そのため、他の数学の先生には事前の負担を一切かけないように、早め、早めに料理店との折衝・宴会の進行をすべて準備。乾杯発声、司会役、挨拶をする校長先生にも事前にお願いした。諸々の手順メモを残して、全職員が宴会会場に揃ったら僕がいなくても進行できるように万全の準備をしたのだ。料理店の仲居さんにもお願いして、不測の事態にも対応出来るように打ち合わせした。僕の料理は、持ち帰り出来るように事前に詰めていただいていた。

さあ、宴会が始まった。僕は司会の先生に後を託し、広島へ出発！　熊野から広島バスセンター直通バスがある。到着したら目の前が市民球場前！　プレイボールには間に合わなかったが、球場へ入ったら、すでにカープはリードしていた。さらに追加点で計4点。投手はエース北別府学。持ち込んだ料理もおいしくて、同じく持ち込んだ缶ビールを飲みながら気分は最高。

しかし8回、急に流れが変わって無死満塁の大ピンチ！　続いてヒットを打たれて4対2。初采配の山本監督が動いた！「ピッチャー北別府に代わりまして長冨」。本来先発投手だが、登板予定が次週まで空いている長冨浩志をリリーフに決めていたのだろう。ところが迎えた阪神の新外国人フィルダーが高めの球を強振！　打球は一直線にレフトスタンドへ飛び込む。逆点ホームラン！

食べた料理の味も勝利も、一瞬にして吹き飛んでしまった。そのままゲームは敗れた。帰りはどうやって家まで辿り着いたか、はっきり覚えていない。何もかも他の数学科の先生に任せっきりにした報いなのか？とんだ開幕戦だった。

観戦快適　赤ヘル号誕生

国鉄のサービスとして昭和60年代に「赤ヘル号」を走らせてくれたことがある。赤ヘル号とは、ナイター試合終了40分後に広島駅を出発する臨時列車だ。公営鉄道が、カープファンのような特定の客への配慮をするということは、普通は考えられなかった。なんとそれが山陽本線と呉線で始まった。当時としては画期的だった。

これは僕が、我が町川尻から市民球場へ観戦に通う熱心なファンがいることをアピールした結果だ……という可能性がある。まずカープ球団へ便箋紙にして5枚の長文で「遠方のファンを獲得するため国鉄へ働きかけてください」とお願いした。

一方で本命の国鉄広島駅長にも長文の手紙をしたためお願いした。「近隣のファンが増えても運賃は微々たるモノ、遠方からのファンを増やせば3倍以上の運賃を生み出す。川尻からもたくさん利用すればお互いの幸せ……云々」

当時は川尻から市民球場のナイターへ行くには高いハードルがあった。まず単純に遠い。しかも最終列車は21時過ぎで、せっかく球場へ行っても最終便に乗れない不安があり最後まで観戦できない。おまけに球場から広島駅まで広電またはバスで30〜40分程かかるのだ！　20時半ごろから帰りの準備をしなければならない。これでは川尻の住人はゆっくりと試合を楽しめない。

この痛切な願いが聞き入れられて登場したのが臨時列車「赤ヘル号」。運転区間は広島〜安芸川尻！　終着駅が川尻なのである。川尻が終着駅だなんて普通は考えられない事態だ。

きっと僕の住所、『川尻』が効いたのだろう。赤ヘル号はナイター試合終了40分後に、広島駅から出発する。延長戦でも帰りを気にせず安心して楽しめるのだ。早速、町内広報誌に「赤ヘル号川尻行き」のことを掲載してもらい、多くの人が利用するようにうながした。

これが功を奏したのか川尻からのファンも増えて、国鉄もそれなりの結果を出した模様だった。

しかし、ただ一度だけヒヤッとしたことがあった。ある雨の日のナイター、観衆は数千人の寂しいスタンド。最後まで観戦して広島駅から赤ヘル号に乗ったものの、列車にはほとんど客がいない。そして一時間後、雨のなかで終着駅の安芸川尻で下車したのは、なんと僕一人だけ！

「あぁ、良かった」と、一人だけの駅のホームで思わず声を出した。

無人列車が到着したら国鉄に申し訳ない。そもそも存続自体が怪しくなる。車掌はしっかり見ていたハズだ。僕は運行存続危機を救う価値ある乗客だった。その後、ＪＲに移行して普通列車の運行本数が増え、赤ヘル号は「円満に」廃止された。マツダスタジアムが開場した今、再び赤ヘル号の運行が開始されている。

僕の予言で井戸を掘ったN先生

昭和61年に赴任した熊野高校の数学科。９人の先生達のなかに高校の先輩がいた。数学の指導に自信を持っていて生徒にも信頼されている。職場ではなにかと先輩風を吹かしていたが、なんにでも僕を誘ってくれ、とてもかわいがってくれたN先生だ。

僕が市民球場へ『通って』いる事を知ってか、ある日「福岡さん、巨人に5.5ゲーム差、今年はだめじゃね」と、優勝あきらめるような事を言ったのだ。勿論N先生もカープファンだ。8月の終わりの5.5ゲーム差は、たしかに厳しい数字だ。しかし僕は「なにを、言いますか。首位巨人との負け数の差はたったの2。これから徐々に差を縮めて、9月のお彼岸には、東京の後楽園球場で勝ち越してカープが優勝のマジックを点灯させて、優勝します」と何事もないように、先輩の言葉に抵抗した。まあ、強がりに聞こえたかもしれないが……。

ところが、この僕の『予言』に導かれるように、秋になってカープは勝ち進み、お彼岸に巨人との運命の直接対決。天王山の一大決戦になった。カープはここで勝ち越して、優勝マジックを灯した。まだ2位だったが、首位巨人に対して優勝マジックが点灯したのだ。そして、そのまま苦労しながらも優勝してしまった。その年の日本シリーズは、N先生を含めた数学科の同僚たちと連れ立って観戦した。

このN先生、優勝を予言した僕に一目置いたのか、その後、表では先輩風を吹かして威張っていたが、裏では僕の言うことを何でも信用してしまうようになった。

当時、家を新築して、ついでに井戸まで掘った僕を「変なやつじゃ、今時井戸じゃと?」とバカにしながら、数ヵ月後には「福岡さん、ウチも井戸掘ったで。ようけ水が出る……」と、ご満悦の様子。僕を真似て、数十万円をかけてまで自宅に井戸を掘ってしまったのかと思うと、なにやら微笑ましく思った。他にも僕が推奨したものを一度はバカにしながらも、裏では全て実行してしまっていたことが後になって判明。釣りが趣味で、釣った魚を突然僕の家の前に置いて行くこともよくあった。結局定年退職するまで、なんでも僕のやることをに耳を大きくして聞いていたN先生だった。

僕の予言で家を建てたA先生

熊野高校に勤務して6年目となった平成3年。カープは山本浩二監督の3年目だった。前田智徳に続いて、新戦力の江藤智が登場。さらに若い佐々岡真司の快投、中堅川口和久やベテラン北別府学の活躍もあり、前半は踏ん張った。しかし、その頑張り以上に中日が独走して、夏休み前にはついに7.5ゲーム差にまで開いてしまっていた。

その年、熊野高校に転勤してきた国語科のA先生は、ドラマ「相棒」の杉下右京並みのビシッと決めたスーツ姿で威厳も半端なく、とても近寄りがたい存在だった。気の弱い僕は、一学期の間A先生を極力避けるようにして仕事をしていた。

そんなある日、A先生にばったり廊下で鉢合わせてしまったのだ。「福岡さん、あんたカープファンじゃそうなのぉ。じゃが今年は、もうだめじゃの」と親しげに声をかけてくる。逃げ腰の態度を貫いてもいいのだが、ことカープの話題になると、僕は自我を抑えられないのだ。

「なにをおっしゃいます。カープは中日相手に勝ち越しています。このまま差を詰めて、9月にナゴヤ球場での中日戦3連戦に勝ち越してマジック点灯。優勝します」と、こともなげに予言してしまった。平素、会話もせず遠慮がちな態度で近寄りがたいA先生との、初めての会話だった。

ところが、N先生の時と同じ、僕の予言に導かれるように、カープは9月のナゴヤ球場での中日戦に3連勝をして、マジック点灯。そのまま逆転優勝してしまった。N先生に続いて、A先生にも僕の予言が的中したのだ。

その優勝後も、A先生は相変わらず威厳を保っていたが、僕の発言には一目置いてくれるようになった。

ある日、A先生との世間話のなかで「みんなバカみたいに家を建てて、ローンをいっぱい抱えて。借家の方が気が楽でええよなぁ」という言葉があった。数年前に家を新築したばかりの僕は、恐るおそる「なにをおっしゃいます。家というものは金の問題じゃあありません。家に帰れば柱の一本、庭の石ころ一つでも大切で、愛情も出るもんです。自分の家を持てばこの気持ちがわかると思いますよ」と反論した。ちょっと気分を害したかもしれない……。

数ヵ月後、「これ見てくれ」と見せてくれたのは、なんと新築する家の図面。豪華な家だった。A先生はこの後も、何をするにもまず僕の意見を聞いて仕事をするようになっていた。できるだけ避けていたA先生と僕との距離は近くなり、可愛がってもらえるようになった。「福岡さん、ワシのスーツ着てみい」とプレゼントしてもらったこともある。堅苦しくて周りは遠慮がちに接するA先生に、同僚は「なんであの堅苦しいA先生と親しく話せるんじゃ？」と不思議がられたものだ。

本当にこのN先生、A先生のお二人には随分可愛がってもらった。これもカープが繋げてくれた縁だと、しみじみ思う。

市民球場改装　背もたれのある幸せな観戦の始まり

昭和61年、広島市民球場が大改装された。それまで球場のスタンドは板の長椅子に、薄っぺらい指定席番号を貼り付けただけの、粗末な席だった。古葉監督最後のシーズンも終わる10月あたりから、次の開幕を逆算して工事が始まった。

迎えた昭和61年の開幕は、内野スタンドは全席背もたれ付きの椅子、さらに2階席が増設された。ただ、2階席は三塁側3分の1だけが完成していた（翌年完成）。テレビ用放送席はまだなく、スタンド中央最後部にテントのような屋根を仮設してシーズンを乗り切った。この背もたれ付きの椅子に代わり、長時間の観戦が随分楽になった。当然、年間指定席は全て新しい席になった。

球団は今までの年間指定席所有者から希望をとった。年間指定席はオレンジシート（17万5千円）、グリーンシート（13万円）、ブルーシート（12万円）。僕はグリーンを希望した。緑色のグリーン席はネット裏中央、マウンドのほぼ正面だ。投手の球筋、審判の癖までよく見える。一般人の席にしてはとても贅沢だ。以前の10万円よりもちょっと値上げしたが満足だ。開幕戦で初めて座って感激し、うっとりしてゲームを眺めた記憶がある。

その肝心のゲームは、津田恒実投手の剛速球で締めくくって、快勝。最高の開幕だった。ただし、席の決定については、何処にまわされるか不安で、席の確認をするため前年末にわざわざ球団事務所へ行った。図面を見せてもらって僕の席は通路から2番目だった。大人しい僕も「ここで我が儘を言ってみよう」と勇気を振り絞って「一つ通路側へ移動してください」とお願い。「ああ、いいですよ」と簡単に代えてくれた。そして迎えた開幕戦では、隣のおじいさんに「ええ席じゃねえ」と話しかけられた。席を代えてもらった相手だから不満を言うのかと一瞬ドキッとしたが、そんなことは知らないらしく話しかけてくれたようだった。その後、楽しく話をしながら観戦した。

異様……ゲーム終了間近に増える観客

名将古葉竹識監督が11年間の監督生活の末、広島を去った。翌年から阿南準郎監督になり新体制に。

新監督は「抑えは津田で行く」と宣言してペナントレースが開幕した。チーム状態はというと投手陣は北別府学・川口和久・大野豊に加えてドラフト1位のルーキー長冨浩志。抑えに快速球の津田恒美が控えセ・リーグ最強。しかし打撃陣は山本浩二・衣笠祥雄の主力二人が年齢による衰えが隠せず、得点力不足が深刻だった。少ない得点を強力投手陣で守り抜く展開で前半戦を終えた。

夏休みが終わった9月のスタンド風景は寂しかった。このまま秋風とともに優勝を逃がしたら本当に悲しい。優勝が出来るか否か、不安を抱いたまま苦しい日々だった。

迎えた10月7日対中日戦、広島市民球場の最終戦。この時点で5試合を残しマジックナンバーは5。ここらが限界かと思った。しかしこの夜のゲームはエース北別府学が踏ん張ってリード、対して連勝中の2位巨人は神宮で苦戦していた。市民球場は相変わらず寂しいスタンドだったが巨人劣勢の情報が入ると次第にスタンドに人が増えてきた。球場に元気が戻ってきた。普段の試合では終わりに近づくにつれ帰宅するファンはいても、新たに入場してくることは考えられなかった。しかし、この夜は8時半を過ぎても外野席に続々と観客が集まってくる。さらに内野にもファンが次々と入ってくるという不思議な光景を目の当たりにした。試合開始時点では、ガラガラだったスタンドが試合終了頃には、ほとんど埋まっていた。もしかしたら優勝できるかもしれないという希望が膨らみファンが押し寄せたのだ。ここで負けて、巨人が勝てば、カープの自力Vが消えるが、巨人が負ければマジックナンバーは一気に3にまで減る。この熱気、初めての経験だった。やっと優勝の輪郭が見えてきたのだ。ゲームセット！　試合は3対0カープの勝利。明日からVロードへ出るカープナインに大きな声援が飛ぶ！

「がんばれよ〜、勝ってこいよ！」

広島駅までの帰り道、ラジオで巨人の負けが決まったのを聴いた。残り試合は甲子園球場で阪神戦2つ、神宮球場でヤクルト戦2つ。あと3

勝で優勝だ。

そこから2連勝してマジック1に。10月12日、満員の神宮球場では、関東のカープファンが優勝決定を見守った。先発は北別府。この日は珍しく打線が活発で大量点で援護、最後はストッパー津田にスイッチして歓喜の胴上げ。テレビの前で苦しかった一年をしみじみと振り返った。山本浩二は現役引退を決めていた。翌日の最終戦は山本・衣笠のアベックHRで締めくくった。

薄氷を踏むようなシーズンだった。優勝への最後の一歩分の、薄氷の道を渡り切れたのはあのスタンドの光景だったのかもしれない。

2位にいながらマジック点灯の怪！　苦しみの末の優勝

この昭和61年のV5までに至るには大変な苦労をしている。強力投手陣はリーグ最強でも衣笠祥雄・山本浩二の衰えもあり得点力不足が深刻で、予想通り少ない得点を押さえの津田恒実が守り抜く展開で前半戦を終えた。阿南準郎監督必死の投手リレーはさえて、古葉野球を受け継いだ守り抜く阿南野球へ移行。その評価は、次第に上がっていった。

しかし夏場になると投手陣の疲れが見え始め、さらに打撃陣の主力も疲れが深刻で、次第に失速。巨人に5.5ゲーム差をつけられて2位で8月を終えた。秋になると投手陣が復活し、9月には巨人との直接対決までに8勝4敗で乗り切った。

このまま後楽園で一つ勝つと、残り試合数から換算して「2位だけど優勝マジックが点灯するけれどなあ、まさか……」。僕は毎日、試合数と勝ち星を眺めて計算した。夜遅くまで計算したりもした。マジックの計算の定義から間違いない。マジックナンバーは自力で勝てば優勝できる数字だから間違いない。こんな不思議な光景が見られるのか否か？

迎えた9月の彼岸決戦。第1戦はルーキー長冨浩志で勝ち、2位ながら優勝マジックを点灯させたのだ！

と、言っても16試合を残してマジックナンバーは「14！」。大変苦しい数字だ。2位でも、マジック点灯したのだから、これは優勝しないといけない！　翌日も大野　豊で勝って優勝までマジック12。3戦目は負けて、残り14試合で12勝しなければならない。首位巨人の残り試合は8。残り試合数が巨人よりも6つ多いので、それを全て勝てば首位には立てる。これが数字のからくりだった。

この絶対に負けられない状況で、10月1日までに早くも2敗（3勝）してしまった。一方、巨人はすべて勝って追撃態勢。この時点でカープが優勝するには、残り9試合を全て勝たなければならない。一つでも落とせば逆に巨人に優勝マジックが点灯する。

それから苦しみながらも連勝を続けた。対する巨人は結局7連勝して、最後に痛い一敗を喫した。カープは少しだけ楽になった、一敗の余裕が出来たのだ。

10月12日、マジック1で迎えた神宮球場で、感動の逆転優勝V5を成し遂げたのだ。

このころから球界では「逆転の広島」とささやかれ始めた。その後、平成3年も7.5ゲーム差を逆転して優勝V6。逆転の本領発揮だ。

異例の4連休

平成3年、最高7.5ゲーム差も引き離された劣勢から驚異的に巻き返して、ペナントレースも佳境に入った夏の終わり、8月下旬の9連戦。その連戦を僕は4つも休んでしまった。これまで全試合観戦していたのだから、これは異常事態だ。

原因はといえば、ある休日に炎天下でジョギングをしていたら下り坂で躓《つまづ》き顔から転倒！　顔、膝、肘を強打、大ケガを負い、熱まで出てしまったのだ。顔に絆創膏を貼ってまで、はるばる広島へ出るわけにいかないので無念の欠席。夏休みだから生徒の前に出なくてよかったのがせめてもの救いだったが……。

傷が癒えて連戦5戦目にやっと球場へ入ったら「いったい、どしたんね!?」全く知らないおっさんから話しかけられた。「ちょっとケガをして……、失敗でした。ご心配掛けました」。僕がどんな時も休まず同じ席に座っている姿を見ていたようで、4連続の欠席を不審に思ったのだろう。知らない間に人は見ていたのだ。この日から球場に入ると、まず、このおっさんに挨拶をするようになった。何年も気づかなかったが近くの席だった。帰宅して妻に「僕が球場に行くことはもう、自分だけの問題じゃないよ。人の希望も背負って応援に行くんだから」と、ドヤ顔で訳のわからない説得力ある言葉を投げかけた。この年優勝V6!!

だけど全試合観戦ならず。とんだハプニングだった。

ダブルヘッダーと優勝とウナギ

平成3年、この年は第一期黄金時代の最後の優勝だった。夏休み前には中日に7.5ゲームも離されて「優勝は絶望か」とささやかれていた。しかしその時点で、ただカープだけが中日に勝ち越していて、しかも負け数差が少ない。

僕は周囲に「まだまだ9月まで何が起こるかわからない」と口酸っぱく話をしていた。

その後、僕の予想通りに展開。首位中日と9月中旬に直接対決をし、3連勝して一気に逆転優勝の機運が高まった。雨でたくさんゲームを流して終盤の試合日程が押していたが、確実にマジックを減らして優勝まであと二つまでこぎ着けたのだ。

10月12日（土）、13日（日）の対阪神戦3連戦を迎えた。直接対決ではないので、ここで三つのうち二つ勝てれば優勝だ。まず12日ナイターに快勝して、翌日は、1日のうちにデイゲームとナイトゲームを続けて行うダブルヘッダー。そこで一つ勝てば、地元市民球場での念願の胴上げだ。

翌13日、父と長男と僕の3人で13時過ぎに球場入りをした。もちろん、優勝は第一試合で決めると思っていた。優勝決定後の第二試合は、いい加減に戦っても誰も文句は言わないはずだ。優勝を先に決めれば、気楽に第二試合を観戦出来る。

そんなワクワクした気持ちで当日を迎えた。14時、運命の第一ゲームが始まった。しかし、同点のまま延長戦で勝ち越され、惜敗！　優勝は夕方から始まる第二試合に持ち越されてしまった。

ここで困ったのは夕食問題だ。その日3万2千人で満員札止め。今のマツダスタジアムのように売店にたくさんのメニューがあるわけでもなく、カープうどんと弁当とパンが少しだけの寂しいもの。それが夕食時間前には完売！　うどん売り場はシャッターを下ろし、食料の補充は見込めない。

長男が売店に行ってみたが、あまりの人の多さに「怖い」と言って帰ってきた。あの狭い通路や通路階段に人、人、人で小柄な小学生では歩けないのだそうだ。僕も行ってみたが人の流れに逆らえず、すぐに諦めた。食料なら何でもいいと思っていたのに頼みの売店までも「販売終了」の話が聞こえて、空腹のまま夕方になった。

一方グラウンドでは第二ゲームが17時半頃に始まって、初回1点を取ったものの、その後動きはなく、そのまま投手戦に。緊迫した終盤にさしかかっていた。


「なにか食べ物を調達しなければ」。ゲーム展開が気になるが、我慢できずに外出許可をもらって場外に出てみた。近くの広島そごうの地下にある食品売り場に向かった。そこで目の当たりにしたのは、なんと空っぽの棚。いままで見たこともないデパ地下の光景が飛び込んできた。フロアの棚という棚から、弁当も食べ物もなにもかもが消えていたのだ。奥まで進むと、わずかに『鰻重《うなじゅう》』が残っていた。とても高価だ。しばらくためらったが背に腹は代えられない。勇気を出して3食買い求めた。

急いで球場へ戻ったら、まだ1対0のままリードしていた。でもこのままでは僅差で勝ちが確信できない。やっとの事で求めてきた弁当。長男に「これ、食べろ」と手渡すと「僕、ウナギ嫌いじゃあ……」「ええええ?」そういえば以前、長男はウナギのタレでじん麻疹が出たことがあった。このときほど我が息子を憎たらしく思ったことはなかった。

結局ウナギを避けご飯だけを食べさせて、なんとか空腹をしのいだ。

ゲームは午後8時前に大野豊が抑えで登場し、1対0で優勝が決定。感動的な地元胴上げだった。

そして、そのまま前代未聞のグラウンドでビールかけ！　しばらく喜んで見ていたが明日は月曜日。仕事もある、長男の学校もある。3人で球場を後にした。その後スタジアムの歓喜は遅くまで続いたらしい。

ただ、とうとう食事も満足ではない、心も体も疲れ切った『感動』の胴上げだった。

この年は雨で中止する試合が多くて、予備日程も入りづらい状況。皮肉って「カープにも　貸してあげたい　ドーム球場」なんて川柳も生まれたほどだ。残りの消化ゲームも日本シリーズ直前まで、ぎっしり詰まったV6だった。

雲散霧消、僕の1000試合観戦記録

記録的な猛暑で迎えた平成6年夏。各チーム、夏場には投手陣が暑さに勝てず崩壊状態！　この年は三村敏之監督の一年目。開幕から低迷して最下位から浮上できない。一方で、夏になると気温の上昇は留まるこ

とを知らず、市民球場はナイターが終わった21時過ぎになっても、昼間焼けたスタンドが熱い！　熱いコンクリート、座席にも座っていられない。

　そんな夏、カープの投手陣は相変わらず打ち込まれてしまっていた。しかし3、4番打者は若い前田智徳選手・江藤智選手が担っていた。主軸の平均年齢はセ・リーグで最も低い。若い打撃陣は夏の暑さに強く、夏バテはない。各チーム投手陣が崩れるなか、逆に打線は活発になった。点を取られても取られてもすぐに取り返す。江藤はホームランを量産、月間ホームラン16本はセ・リーグのタイ記録だ。その江藤の前には常に好調の前田が出塁している。この8月の月間勝利数18は球団記録(当時)となった。

　市民球場で首位巨人に3連勝！　このあと巨人は優勝マジックを点灯させたものの投手陣が持ちこたえられず思うように勝てない。逆にカープは8月下旬から9月初めにかけて10連勝！　最下位カープが首位巨人のマジックを消滅させる珍事が起こった。

　スポーツニュースも「巨人のマジックが消滅しました、なんと最下位の広島が消しました」と伝えたほどだ。不思議な現象だった。普通マジック対象チームは2位。それなのに最下位のカープが？　残りゲーム数の関係もあったが、球界初の特異なものだった。

実は、僕はこの年の夏に『通算1000試合観戦を達成』していた。洒落みたいなものだが、親族を集めてパーティーを開こうと思っていた。ただ単に「どうだすごいだろう」と周りに示したかっただけだ。しかし、そんなことはもう、どうでもよくなった。1000試合観戦達成祝いは、僕のなかで秘かに封印した。巨人に最大16．5ゲーム差を付けられていたのに9月初めには2.5ゲーム差まで詰め寄ったのだから「これは大逆転優勝だ！」と心躍る展開に狂喜。興奮で眠れない夜が続いていた。

そうして対巨人最終戦を市民球場で勝ち、1.5ゲーム差になって残り7試合。Vロード（ナゴヤ、神宮、甲子園）へ出た。しかし、期待も虚しく5連敗！　このシーズン初めて、優勝の夢が消えた！　あっと言う間だった。喪失感が心を支配し1000試合観戦のお祝い企画も同時に消滅。まさに雲散霧消、跡形もなく消え失せた。

事前に最終戦の甲子園の前売りチケットを大阪の大学へ通っている親戚に頼んで手に入れたが、今でも『幻の胴上げチケット』として記念に持っている。ちなみにこの年、巨人が中日に最終決戦で勝って優勝。巨人70勝、中日69勝、カープ66勝だった。

たった一球の観戦

平成7年、9年間勤めた熊野高校から転勤することになり、4月に行われた歓送迎会でのこと。会場は広島市内だった。いつもは熊野町内の料亭を使うのに、転勤する僕に配慮して会場をわざわざ広島にしてくれた。というのも、その日、市民球場でナイターゲームがあったからだ。僕がカープ観戦にこだわっていたことは、もはや知れわたっていた。

その送迎の席での別れのスピーチの中身は「通算1000試合観戦した話」。さて、会も無事終わり色々話しかけてくる先生たちを振り切って急いで球場へ。到着すると、ゲームは最終盤。

スタジアムは異様に静まりかえっていて、よく見ると1点リードはしているが大ピンチ。そこで、アナウンス「紀藤に代わりまして大野」ストッパーが登場。大野豊投手の投球練習も終わり、再開した初球。内野フライ。ゲームセット!! 辛勝だ。緊張感漂う素晴らしいゲームだった様子。たった一球の観戦。2500試合以上観戦をしたなかで、後にも先にもこの1試合だけだった。

この僕が、ブラウン監督ベース投げ事件を見ていない！

平成18年GW最後の5月7日、母を連れて市民球場へ行く約束の日だった。「ごめんね、明日まさかの決勝戦まで進んでしまって、しかも会場は福山市民球場で……」。母も「決勝戦ではしょうがないね」と、そのままチケット2枚は紙くずとなった。

僕が呉宮原高校野球部の顧問になったのは職員異動の内示の日。校長に突然呼び出された。

「来年から野球部の顧問（部長）をやってくれ」

「ええ？」

「あんた、いつもカープを見に行って野球詳しいじゃろう」

「あのぉ……、相撲好きのファンが相撲部を指導するようなもの。無理です」

しかし、どうやら適切な顧問が転勤して来なかったようだ。

結局、しぶしぶ引き受けた。それから2年が経った。進学中心の高校野球部は、普通なら1、2回戦負け程度のレベルだ。しかし、この時のH監督は野球部員に高いレベルを求め、日々練習して迎えた春の県大会。堅実に接戦を勝ち抜いた。「もうそろそろこの辺りで終わるだろう」と思っていたのだが、あれよあれよという間に、決勝戦まで進んでしまったのだ。

その決勝戦はGWの最終日に福山市民球場で行われ、広島市民球場でのデイゲームと重なっている。決勝戦に進んだ瞬間、選手は大喜び。その陰で僕は顔が曇ってしまった。

決勝戦では、序盤に先制して、なんと、そのまま優勝してしまったのだ！　野球部始まって以来の大変な出来事だった。

一方、その日の広島市民球場では、ブラウン監督が審判に抗議してあの有名な『ベース投げ』を披露。退場処分を受けた。一塁ベースを外して投げ飛ばすという前代未聞の珍事！　そんな面白い瞬間を、野球部決勝戦のおかげで見逃したのである。

当時、呉地区の高校野球の実力を一言でいえば、たいして強い高校もなく、『長い低迷期』。ましてや県大会で優勝などあり得ない状況だった。

それが、まさかの優勝。甲子園へつながらない大会とはいえ、大変な『事件』だったのだ。ニュースで優勝を知った野球部OBはもちろん、同窓会までも大騒ぎ、優勝の喜びに浸っていた。一方、スポーツニュースでベースを投げるブラウン監督の姿が放映されるたび「くっそぉ、見てない！」と、僕は悔しく悔しくてしかたがなかった。

呉地区高野連は、この呉地区高校の何十年ぶりの優勝を讃えて祝賀会を開いてくれた。僕は、なにがめでたいのか……と心の中で毒づいていた。もちろん、生徒たちが頑張って優勝したのは喜ばしいことだったが、心中を支配していたのは、「この僕がベース投げを見ていないなんて！」という思いだった。会場には呉地区の高野連の会長、審判部、来賓はもとより、高校野球部監督、部長、顧問等々出席。祝賀会で野球部長のお礼の言葉がある、もちろん部長の僕の役目だった。

「〜実は、この日母を連れてカープの応援に行く予定でした。ちょうど、その日ブラウン監督のベース投げ退場事件がありました。結局それよりも県大会優勝という、もっと良いものを見せてもらいました」。半ば投げやりに話した。

この話を聞いた他校野球部の若い監督が僕のところへ来て「とても良

い話でした～」と、僕の悔しさを知らない、身勝手な？　言葉を投げかけた。「良い話だとぉ、本当の気持ちは絶対に分からないだろう」。僕は心の中でつぶやいた。

第四章

カープを語る。人生を語る。
〜スタンドから見たもの〜

平成11年（1999年）5月8日に、佐々岡真司投手がノーヒットノーランを達成（上）。平成21年（2009年）4月10日は、マツダスタジアムのコケラ落としの試合だった

平成5年（1993年）の年間指定席領収証

平成19年（2007年）9月1日の試合では、前田智徳選手の2000本安打を目に焼け付けた

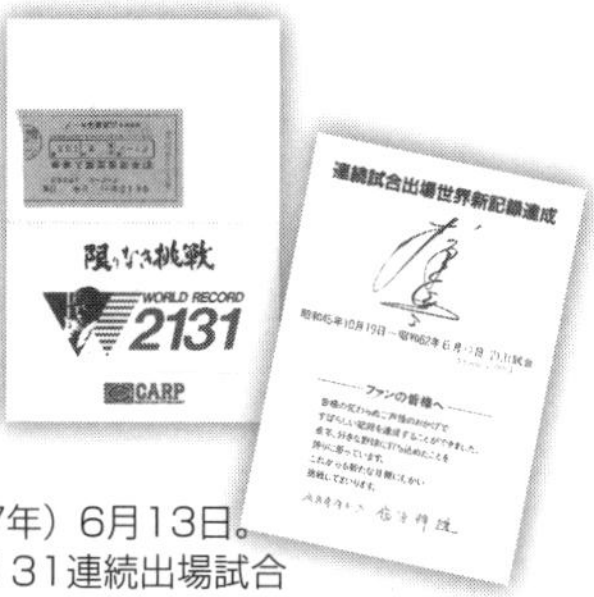

昭和62年（1987年）6月13日。衣笠祥雄選手が2131連続出場試合の世界記録を達成したゲームを目撃

カープ歴代ベストゲーム

一番は、言うまでもなく昭和50年10月15日対巨人戦だ。

優勝決定までマジック1で後楽園球場に乗り込んだカープ。水曜日の午後2時プレイボールで、ナイターではなかった。今では考えられないことだが当時の消化ゲームは平日でもデイゲームが多かった。優勝が無くなった巨人にとっては、まさに消化ゲーム。しかしカープにとって球団創設以来初の優勝をかけた大切な一戦となった。相手は最下位巨人。簡単に勝利と思いきや、巨人は目の前での胴上げ阻止をと燃えていた。カープはこれを落とせば残りは一つだけ。それは、優勝争いの直接の相手である中日を迎える試合だった。とても気楽に戦える相手ではない。中日とのゲームを落とすことは即、優勝を逃がしてしまう。僕を含む全カープファンは『恐怖』を感じていた。

当時、僕は坂町にある坂中学校に勤務、もちろん授業中だ！　期待と大いなる不安、どうすることも出来ずに出勤した。授業中、僕も生徒も授業どころではない。生徒はイヤホンを隠して、こっそりラジオで試合中継を聞いていた。分かっていても注意できなかった。5回表での得点は、生徒の反応で分かった。そのまま終盤を迎え、授業が終わって職員室のテレビに張り付いた。テレビの解説は別当薫元監督。ラジオ中継もしていたが、もちろんテレビの方が分かりやすい。（後日ラジオ中継を録音している友人からダビングさせてもらった。何度も何度も聞き返して、当時のゲームの凄まじさを共有した）。

さて、一点を先制したものの追加点が取れない。試合が進み、6回に一死満塁の大ピンチを迎えた。1点でも取られ追いつかれたらプレッシャーからそのまま崩れて勝ちを落とすだろう。そんななかエース外木場義郎投手が投じた一球はセカンドゴロ、ゲッツー！　窮地を脱した。テレビの前で「やった」と叫んだ。

苦しい展開のまま最終回、チャンスでホプキンス選手の3ランHR！　4対0。これで間違いなく優勝できる。午後2時から約3時間、やっと勝ちが見えてきたのだ。苦しかった。大ケガから復活したリリーフ金城基泰投手が最後を締めくくって優勝決定！　こんなに苦しいゲームは他になかった。ただ優勝を決める試合だからという重みだけでなく、ゲーム運びも本当に苦しかった。身の毛もよだつ苦しさだった。その後何十年、これを上回る苦しいゲームは経験したことがない。

急いで家に帰ろうと坂中学校を出たが、最寄駅からの次の発車は17時33分。優勝決定からまだ15分程度しかたっていなかった。しばらくして駅に入ってきた広島発の電車にびっくり。いつもは満員で立つ場所も困るほどなのに、それがなんと空っぽなのだ！　広島駅を出るのが優勝決定の3分前、この電車に乗る人はいなかったのだ。車輌に一人かゼロか。異常な電車は呉に到着して、やっと客が乗り込んできた。忘れられない経験だった。後から聞いた話だが、優勝決定の熱狂に加わろうと、多くの人が広島市内へ向けて大移動していたようだ。僕だけ反対の川尻方面へ乗ったのだ。若くて世間知らずだった。当然、広島の街の騒動は見ていない。いまでも後悔している。

あとから色々聞いた、優勝を決めた10月15日の話。教師として大先輩のK先生は、当時海田高校に勤務していて修学旅行中だったそうだ。東京行きの新幹線の中で、旅行会社の添乗員が「後楽園球場のチケットが取れそうですが」と言っていたそうだ。急遽、予定していた午後の東京都内遊覧研修を取りやめ、巨人戦の観戦に変更したという。新幹線のなかで、随分思い切った変更をしたものだ。今なら考えられないかもしれないが、外野席の値段が200円の時代のことだ。引率の先輩のK先生は何度も「福岡さんが、なんぼ熱心でも、カープの初優勝を見ちょらんじゃろう」と自慢げに話す。うらやましい限りだ。この先輩には勝てない。

何回戦？　ある日のゲーム前

年間指定席は毎日同じ席に同じ顔が座る。しかも僕なんて全試合観戦しているのだから、周囲も僕を覚えていたようだ。ある日の中日戦「すみません、今日、第何回戦かわかりますか？」。聞いてきたのは中日新聞のカメラマン！「こちらで開幕3つ、ナゴヤで2つ、さらに向こう（地方開催の金沢）で2つ。そして、またここですから、8回戦ですよ」と、何ごともないように答えた。「ああ、どうも」。

カメラマンも記録はしているはずなのに、このカードが何回戦か記憶がはっきりしなかった模様。僕に聞いてくるなんて、全試合見ているファンだと確信していたのだろう。ビジターのカメラマンにも認知されていた話。名誉なことだ。

印象に残ったホームラン　江川VS小早川

巨人の江川卓投手に引導を渡したあの小早川毅彦選手の逆転サヨナラHR。昭和62年9月20日巨人戦のことだ。

今でこそ、わかりやすい野球解説者の江川。とてもさわやかで的確な解説をしてくれ好感度も高い。

しかし、あの『江川事件』は当時スポーツ紙が連日トップ記事で取り上げ、政界まで巻き込んだプロ野球史上最大級のスキャンダルだった。当時、江川といえばダーティーなイメージの象徴だった。

その江川の活躍で昭和62年巨人は優勝目前、いつマジック点灯するのかが気になる9月20日に市民球場へ乗り込んできた。

三塁側のスタンドには巨人ファン！　当時市民球場でビジターファンが陣取るなんて考えられない時代だ。ましてや巨人ファンが市民球場で大歓声を上げるなんて……。

ゲームは1対1から8回に原　辰徳にタイムリーを打たれて2対1で巨人リード。迎えた最終回。完投目前の江川は3塁側のファンの声援にマウンドから手を振って応えたのだ。この姿に、「ここは市民球場だぞ！」と、カープファンの怒りが頂点に達した。

そして迎えた9回裏二死からエラーまがいのプレーで高橋慶彦選手が出塁（記録は内野安打）。しかしあと一人抑えられると試合終了だ。「あと一人！」と巨人ファンが盛り上がって、江川も捕手のサインにクビを振る。最後のバッター小早川を、速球で三振に仕留めようとする仕草ありありだ。

そして最後の一球。江川が投じた高めの速球を振り切って、なんとサヨナラ逆転ホームラン‼　ライトスタンドへ一直線だった。これほどスカッとしたホームランは初めてだった。40数年経た今もこれほどの素晴らしい、胸のすく打球は他にない。

その後、江川は渾身の速球を打ち返されたことで「引退！」を決断……。あの江川が、武士さながらにプロ野球界から身を引いた。引き際が余りにもきれいだ。こんなにスパッとやめるとは誰が予想しただろう。この年カープは優勝できなかった。しかし、小早川の痛快なＨＲに心が高揚し、江川の去り方に胸を打たれた。野球人生とは何かを考えさせられる、野球ファンの心に刺さる対決だった。

雨の祟り　妻の怨念

大野町に住んでいた新婚生活時代。

妻は結婚してから、僕が毎夜カープ観戦に出かけていくのが、結婚前に約束していたにも関わらず、我慢できない日があったようだ。

ある日、「今夜はどうしても、行かないで」と、何度も何度も要求してきた。それでも「行くよ」と振り切って出かけたのだが……。その夜は普通にゲームが始まった。ところが一回表、急に大雨が降り出した。みるみるうちにグラウンドが水浸しになり、ベンチにまで流れ込んできた。マウンド・内野は惨憺たる状況になった。スタンドでも逃げ場はなく大いに困った。プレイも観戦もとても出来るような状態ではない。30分以上経過して、アナウンス「グラウンド不良で中止」になった。

あきらめて、球場を出た。大野町へ帰るのだから西広島駅に向かって、市内電車に乗った。西広島駅に着いたら雨は降っていない。道路も濡れていない！　不思議なことに市民球場の上だけ雨雲が襲ったのか。訳がわからないまま帰宅。どこにも雨の痕跡はなく、帰ったら「中止になった？」と妻は不思議そうだったが、僕は「これぞ、妻の怨念」だったのかと深く考え込んでしまった。

無理をして出かけたら祟りがあるぞ、と強く感じた夜だった。

乱闘事件⁉

山本浩二監督時代、星野仙一監督率いる中日戦でのこと。エース佐々岡真司投手が外国人打者にデッドボール！　球場も一瞬静まりかえった。ぶつけられた外国人打者はいきなり起き上がって、佐々岡の元へ走っていった！

この事態に一塁手の巨体の小早川毅彦選手が割って入った。乱闘！　両チームの全選手がマウンドへ走り寄る。もちろん、熱血漢・星野監督も飛び出した。よく見たらブルペンの選手も捕手のプロテクターを着けたままライトから走ってくる。

僕は翌日教室で「あの場面、ベンチで指をくわえて見ていた選手は二軍落ちだなあ……」と、教師としては乱闘をあおる、あるまじき発言！　しかし、僕の言葉に反応した生徒がいた。新学期からどうしても

『そり』が合わない生徒だったが。顔を上げて僕の顔をジッと見つめて……。

一瞬「しまった、言わなきゃよかった！」と後悔したが、その場は何もなく終わった。

しかしその後、その生徒、明らかに変わった！　僕の言うことを素直に聞くようになり、好意的に接するようになってくれた。

あの一言で、四角四面の教師像が変わったのだろう。

そばの話、うどんの話

蕎麦である。市民球場と言えば『カープうどん』だが、僕は早めに球場に乗り込んだときは、決まってうどん売り場に行っていた時期があった。独身時代は夕食代わりに安いうどんを食べて腹ごしらえをしていたのだ。ある日、うどん売り場の奥にそば玉が見えた。「へええ、そばあるんですか？」

「そば好きですか、うどんの食券でいいですよ」。

なんとカープうどんの販売なのに、数食だけそばが用意されていたのだ。それから何度かそばを注文した。早めに行けばありつけた。誰もあまり知らない、懐かしい市民球場での話だ。

市民球場で僕の唯一の贅沢は、カープうどん。観衆が極めて少ない日には必ず顔を出した。うどんのおばさんも売り上げが少なくて困るだろうと勝手に解釈して。

ある年の最終戦。この日もうどんを食べに行ったら「いつも有り難う御座います。最後じゃけん今日はサービスします。どんなうどんでもいいですから」。僕はすかさず「天ぷらうどん」を注文。「肉（すこし高い）でもいいのですよ」。値段の問題ではなく「いえいえ、今でこそ何種類かあっても、昔からカープうどんといえば天ぷらでしたよ」。結局、タダで天ぷらうどんを頂いてしまった。

そのシーズン最終戦、優勝を逃がしたカープの試合とあってスタンドは寂しかった。しかし、うどんのおばちゃんは、僕の顔をいつも見ていてくれたんだなぁと思うと嬉しくなった。これで良いオフが迎えられる。外は寒かったけど、心は温かくなった出来事だった。

衣笠祥雄選手の話題

最も印象に残る選手といえば、衣笠祥雄選手だ。今まで多くのプレイヤーを見てきたが、初代スターは、衣笠選手に間違いない。球団初の1000万円プレイヤー。糸を引くような打球はそのままスタンドへ入り、ホームランを量産した。ダイヤモンド一周が早い。ホームランの余韻に浸る暇なく走り抜ける。照れくさいのだろうか。打席に立つそんな衣笠の姿は、ファンの期待を大いにふくらませてくれた。

反面、チャンスに弱い一面も。二死満塁、大きなスイングで空振り！ネット裏のファンは「さっちゃん、抑えて、抑えて！」。そして大ファール！「あああっ！」。その後は決まって三振。こんな光景が、たまらなく楽しかった。足も速く、盗塁もできる内野手。背番号は『28』。ケガにも強く、漫画『鉄人28号』とダブらせて応援した。

昭和49年秋、ルーツ監督と出会って背番号『3』に変わり、翌年の初優勝に向けてスタートした。ルーツ監督の構想は『赤ヘルの4番は衣笠』

だった。ちなみに4番山本浩二は6月からだ。

その後、10年あまり山本と共にKY砲として大活躍し、ファンも幸せな生活を送った。そんななか、昭和54年、8月の巨人戦で西本聖投手が投じた一球で骨折！　やっとのことで大不振を脱出して間もなくの事態に、胸が締め付けられた。連続試合出場の危機だった。

翌日のゲームは巨人江川卓投手が先発。カープは衣笠抜きの寂しいスタメンに気が抜けたような試合展開。しかし突然「代打　衣笠！」のアナウンスにびっくりした。ケガでベンチには入っていないと思っていたからだ。驚く暇もなく、素振りもせずにバッターボックスに。江川の投じた初球はボール、顔付近への球を避けた。次は空振り、全力でバットを振った。「痛いだろうに」。三球目も空振り。4球目、高めの速球に空振り、結果3球連続空振り三振。

このフルスイング三振に僕は感動で震えた。連続試合出場を継続したのだ。それよりもケガを押してグラウンドに登場してくれたのが嬉しかった。ゲームは惜敗したが帰りの電車は川尻まで遠く感じなかった。

一日移動で空けて神宮球場では先発出場！　それから再び市民球場へ帰ってきて、守備に付き打球を処理する度に、痛さをこらえて、うずくまっていた姿も忘れられない。

その後、衣笠の復調でチームは後半戦に快進撃、そのまま優勝した。初の日本一にもなった。その後何度か優勝（V3、V4、V5）し、衣笠は昭和62年まで2215試合連続試合出場した。

現役中、色々な記録を残して引退した衣笠は国民栄誉賞を受賞。初優勝以前の若いころの豪快な空振りは、今でも目に焼き付いている。

さらにこんなエピソードもある。

昭和49年、低迷するカープの中でただ1人ホームランを量産していた衣笠。シーズン半分の65試合目に20本目を打った。その時の解説は豊田泰光さん。「こりゃ30本打つかも知れませんねぇ」。ラジオを聞いていた僕は「このおっさん計算できるんかぁ！　40本じゃろ」と怒鳴ったが……。結局シーズン終了時32本で終わってしまった。

あの解説、衣笠のことをよく分かっていたとしか言いようがない。脱帽。

黒田復帰のシーズンオフ　僕は反則をした

ある日同僚に「黒田選手広島復帰についてどう思ったか？」と聞かれて「そうですね、あの日（復帰宣言した12月26日）以来、毎日幸せで、朝起きても何故か嬉しい。なんでこんなに幸せなのか、常時幸福感が支配している。そうだ黒田が帰って来るのだ。そんな幸せな時間が開幕まで継続して、毎日の生活を支配していた」と返事をした。

幸せな正月を迎え、厳しい冬も仕事もなにも感謝の日々を送った。これはカープファン全員の気持ちだったと思う。そして開幕後の初登板で勝利投手に。さらに200勝、25年ぶりの優勝の決定試合の勝利投手……そして引退。カープファンにとっては幸せすぎる日々を送った。あの2年間、『幸せ』とはこんなことを言うのだ、説明は不要だ。

ところでこんな幸せを黙って見ている僕ではない。何とか黒田博樹のサインをもらいたい。この思いは日が経つと共に、ますます強くなって実行に移した。

無名に近い選手のサインなら、昔は入口の職員に頼んで簡単にゲットできた。斉藤悠葵投手のサインは「ちょうど今、二軍の練習から帰っていますよ」と簡単にもらって下さった。

大瀬良大地投手のサインはドラフト指名の数日後、まだ大学生だったから大学野球部まで返信封筒を添えてサインをお願いした。初々しい真新しいサインは今も額に入れて、床の間に飾ってある。

石井琢朗選手が横浜ベイスターズから入団した時も、すぐに同じ方法（ファンレターとして）でゲット。今はこの方法はタブーだそうだ。

しかし、黒田投手となるとハードルが高すぎる。面識もなにもない。ただの強烈なファンというだけだ。そこで、ちょっと反則を犯した。知り合いの球団職員にお願いして奇跡的に黒田投手のサインを手にした。方法はともかく、背に腹は代えられない。他のファンを裏切ったようで申し訳ない。もちろん、家宝になっている。

仙台のファンはカープをどのように思っているのか

25年ぶりの優勝で、僕は舞い上がってしまい、紅白饅頭200個を近所・職場に配ったりと、随分の出費をしてしまった。ちょっと反省するなか、翌年の平成27年、再び快進撃で連覇が出来そうな予感が漂ってきた時のことだ。

今年は優勝祝いに何をするか考える日々。母がテレビの旅番組が好きだったのにヒントをうけて、「これだ！」と6月の交流戦に仙台遠征を企画した。ちょうど、楽天イーグルスの本拠地である仙台宮城球場に，球場内に観覧車が登場．のニュースも流れたからだ。

　恐るおそるコンビニのチケット販売にアクセス。なんと取れた。マツダスアジアムのチケット入手事情と違って簡単に手に入れることができた。

　母に「悪い知らせ、チケットが取れた」と伝えると大変大喜びの様子。『悪い』とは、仙台遠征で大出費が予想されるからだ。でも、取れた以上は早速行動。旅行会社に仙台観光をお願いして、新幹線・ホテル・観光場所などを手配してもらい早朝に家を出た。

「高齢の母（当時88歳）に負担を掛けるのでは」と親戚が不安を口に出すが、気にせず強行出発した。名目はカープの応援だが、観覧車と仙台観光。初めての東北新幹線。飛行機の方が速いが旅の趣を味わうには、やはり鉄道が一番だ。車窓の眺めを楽しんで仙台に到着。その夜のナイターゲームを観戦するのだ。シャトルバスでスタジアム入り。場内を一通り見て回って、観覧車にも乗った。他に高い建物もなく空の上からスタジアムと市内を一望できる、良い眺めだった。

さて、肝心の野球はカープが大量点を取って快勝。カープのユニフォームを着て応援する母は、隣の席の楽天ファンから話しかけられて「広島から来たんですよ」と絶好調で首位カープを自慢げに話す。「まあ、その年で？　すごい」と和やかに会話は弾んだ。最初は、楽天ファンとのトラブルを心配していたが、有難いことに杞憂に終わった。よく見ると近くの席に、カープのユニフォームの下に楽天のユニフォームを着ている人がいた。雰囲気から見ると間違いなく楽天ファンだが、カープも応援しているようだった。2年に1度、仙台に来るカープを、おそらく歓迎してくれているのだろう。

少なくとも仙台の野球ファンはカープに対しては好感度が高いようだ。火花が飛び散るような対決ムードではなかった。友好ムードで「日本シリーズで、また会いましょうね」と、楽天ファンと約束してスタジアムを後にした。

ホテルに帰り、カープのユニフォームを着用していた僕たちを見たホテルの従業員も「広島から？」「今夜は良かったですね」と歓迎してくれている雰囲気だった。翌日は仙台城の観光が出来た。満足の遠征だった。

カープファンの皆さん、仙台へ行くときは対決モードで街に乗り込んではいけませんよ。

瀬戸選手が結んだオールドファンとの話

僕の観戦スタイルは昭和50年代の選手・監督のサイン入りの帽子や法被を身につけることが多い。

ある日のゲーム後、そのサイン入りの帽子を被ってスタジアムを出ると、知らないおっさんから「懐かしいのを被っているんじゃね」と話しかけられた。

振り向いて「これ、遺品を受け継いだモノです〜」と言うと、あまり僕の話を聞かずに背中を見せて「これ瀬戸のユニフォームじゃよ」と懐かしい28番を自慢げにアピールした。

すかさず「良いキャッチャーでしたね」と答えると、「わしゃ、その言葉だけで今日は嬉しいわい、生きてきて、えかった」とポツリ。雑踏のなか、おっさんとは多くの言葉を交わすことなく、そのまま散りぢりになった。

どうやらマイナーな28番、それまで瀬戸輝信捕手を知っている人に出会うことがなかったのだろう。きっと瀬戸輝信捕手に思い入れがあったのだろう。覚えていた僕が返事をして良かった。あのおっさん、どんな顔して帰ったのだろうか。嬉しかったハズだ。

瀬戸選手は一度だけ全国版のワイドショーに『忍者瀬戸』として登場したことがあった。キャッチャーフライを捕球したとき、ネクストバッターズサークルの円の中にあった滑り止めのスプレー缶をスパイクで踏んづけて、その缶の中から全身が見えなくなるほどの白い気体が噴出。まるで忍者が煙を出して『雲隠れの術』をしているかのように見えたのだ。

寡黙で堅実なプレーが特徴で、控え生活が多かったが、僕も好きな選手だった。

どっちが幸せ?

元ヤクルトの古田敦也選手。野村克也監督自慢のID野球の申し子。2000本安打を達成し、プロ野球選手会長や後にヤクルト監督も務めた。その古田選手が女子アナ中井美穂と結婚したころ、テレビ番組『徹子の部屋』で、黒柳徹子さんの質問に新婚生活ぶりを幸せいっぱいに答えていた。

「古田さんは私が野球のことを聞いたらなんでも話してくれるんですよ～」。

その番組を僕は嫁さんと見ていて、

「あれれ、君は年俸数億円の古田選手の奥さんよりも幸せだ！」

「？？」

「中井アナは『聞いたら』何でも話してくれるそうだが、君の旦那（僕）は『聞かなくても』カープの事は何でも話してくれる」。

野球用語の不思議な会話

今から10年前、母が80歳を過ぎた頃の話だ。母は平日ナイターには先乗りして、プレイボールから一人で観戦し、20時前に仕事帰りに到着する僕を待つ。

あるゲーム序盤。二死三塁のピンチ。隣では30歳代のビジネスマンがビール片手に、野球を真剣に見ることなく大声で喋っていた。すると彼が「あれれ？　ヒット打たれていないよなぁ、何で点が入ったんか？」と話しているのが聞こえたという。確かにスコアボードに得点1。

見かねた母は

「ワイルドピッチですよ」

「……？」しばらくしてそのビジネスマン

「暴投ですか？」そのまま会話も沈黙。当たり前だが、何事もなかったようにゲームは展開した。

80歳のお婆さんの口から出た英語の野球用語を不自然に思い、そのビジネスマンが日本語に翻訳して聞き返したらしい。

母はハイカラ婆さんなのです。草創期からのカープ女子、甘く見てはいけません。

マツダスタジアムで紛失・忘れ物

マツダスタジアムでは、何故か忘れ物を繰り返す。

最初は母がトイレに財布入りの袋を忘れた。母がいつもマツダスタジアムへ出かける前の口癖は、「チケットと財布」。この二つの点検項目は必須だ。しかし、その財布がない。記憶をたどればトイレで袋を置いたそうだ。慌ててトイレへ行くと「ない、大金が入っていたのに……」。僕は不安になり「いくら?」「1万円」。戦前生まれの母の大金は、金銭感覚が少し狂っているが……。早速球団事務所へ問い合わせたら「この袋ですか、間違いなかったら書類に記入してください」。結局、'大金'入りのサイフはそのまま返ってきたのだ。

次は僕が愛用する双眼鏡。これはゲームが終わって帰りを急いでスタジアムを出たときに、バッグから飛び出したようだった。これも翌日のゲーム前に、球団事務所に行くと無事返ってきた。

カープタオルを忘れた時は、後日電話があった。僕が出勤したあと「タオルを拾ったら電話番号が書いてあって……」と見知らぬ人から。お礼を言って住所を知らせ、無事返ってきた。安物のタオル、でもプレゼントされたモノ、大切だ。お礼にカープグッズをお返しした。

マツダスタジアムでは紛失しても事務所に届けられる可能性が高い。電話番号を書き入れておけば戻ってくる。カープファン同士の絆が見えてくる。

でも、忘れないようにするのが最善策だ。

甥の「しょうちゃん」の話

甥のしょうちゃんと何度も観戦してきたが、天谷宗一郎選手がホームランキャッチしたとき「赤松がホームランキャッチをしたときと同じ、打たれたのは齊藤悠葵投手だったよ」と話した。

令和元年（２０１９年）の５月に緒方孝市監督が退場したとき、「退場宣告をしたあの球審、サヨナラインフィールドフライのとき（５年も前の試合）の誤審をしたときの審判と同じ」と、すぐに気がつく記録オタクだ。

そんなしょうちゃんは、尾形佳紀選手の大ファンだった。カープの暗黒時代に、ほのかに見えた希望の光である尾形選手に魅せられたファンは多かった。しかし、右ひざの古傷を再び痛め、この当時の出場機会は減っていた。と同時に、球場で尾形選手のユニフォームを着るファンも減っていた。そんなある日の試合で、尾形選手がサヨナラホームランを放った。その試合を、僕はしょうちゃんと一緒に観戦していた。試合後にスタンドを出て帰り道を歩いていたら、しょうちゃんにカープファンが何人も握手を求めてきた。

「オガタくん、今日は有り難う」

「知っている人？」

「いいや、知らない人」

彼はその日も、あまり目にしなくなった背番号４のユニフォームを着ていた。もちろん４番は尾形選手の背番号だ。

新装した由宇練習場

カープ二軍の試合会場由宇練習場。山口県岩国市に位置するが合併する前は由宇町、『岩国』という言葉が不自然な秘境にある。由宇町は海岸線の町のイメージがあるが、この球場は山の中。万が一、道に迷ったら永久に帰れないような不安も漂う。

二軍専用球場とは言え、この由宇練習場が２０１７年に新装されたニュースに興味が沸いた。「行ってみよう」とある日の土曜日、母を連れて遠征した。

ちょっと道に迷って付近の住人に道を尋ねたら「ああ、すぐに行けますよ」なんて、簡単に教えてもらったが、その案内通りに行っても行き着かない。交通検問をしていた警察官に聞いて、詳しく教えてもらったが、その通りに行っても球場はなかった。

存在は知っていても一度も行ったことがないのだろう。場所を教えてくれても容易に行き着けない。やっとの事でたどり着いたが、よく見ると国道沿いのわかりやすい場所にあったのだ。ちなみに僕の車にカーナビはついていない。

そこから坂を上がって行くと、道案内を兼ねた駐車場警備員が「すぐ近く、5分くらいですよ」なんて言う。さらに歩いて上がると、20分も経過していた。入口のゲートを通過して、さらに坂を上って、やっとの事でスタンドへ入った。広い運動公園のようなきれいな場所だ。まるで天空のスタジアム、別天地のプロ野球。『一度は行ってみてほしい場所』だ。

マツダスタジアムで見かけたふわふわカープ坊やなどの遊具も置いてあって、食堂、出店、記念品、お土産売り場もある。休日は子どもの遊び場としても満点、遠慮無く遊べる。外野の広場ではボールとバットを持ったお父さんと子どもが遊んでいた。トイレもきれいで女性も安心。スタンドは芝生で好きな格好で観戦できる。

観戦に行かれる場合は、日よけ対策を万全に。

2019年　思い出のゲーム　慌てる巨人

5月24日、東京ドームで行われた巨人戦。4対3に追い上げられて迎えた7回表。二死無走者でカープは代打の坂倉将吾選手。ここで原辰徳監督が動いた「ピッチャー（左腕）戸根」。今年一本しかヒットを打っていない坂倉に対してワンポイント？　しかしここで粘った坂倉は、右中間を破って二塁打！　さらにパスボールで三塁へ。続く、野間峻祥選手はセーフティバント！　それを戸根千明投手がファンブルして貴重な一点が転がり込んだ。2点差に広がったのだ。怒った原監督は、さらに投手交代をし、この回を終えた。

その裏、カープは予定通りの一岡竜司投手を投入。でも、ちょっと乱調気味で、一死一塁でオリックスを自由契約となった中島宏之選手を代打で迎えた。その初球、頭にデッドボール！　怒った中島がマウンドの一岡へ詰め寄った。両チームの選手がベンチから飛び出す。乱闘かと思われたが。なんとか収まって、一岡は危険球退場！　しかしカープは一死一，二塁の大ピンチが続く。やむなく、ピッチャーを九里亜蓮投手へ代え、初球で内野フライに打ち取った。緒方孝市監督はさらに交代を告げる。「ピッチャーフランスア」。そしてまたも初球で外野フライに打ち取り、チェンジ。その直後8回表、バティスタ・西川龍馬の連続ホームランで突き放した。強いカープ、慌てる巨人の構図。今年を象徴するゲームだった。優勝した巨人に対して、カープは常に前向きに戦い、圧倒して勝ち越した。

この坂倉、2017年二軍の東西一を決めるいわばウラ日本シリーズで逆転ホームランを打っている。それを知っている原監督が極度に警戒をして投手交代したのだろう。あまりにも弱気で、唐突な交代だった。

第五章
教えて！福岡先生っ

平成25年（2013年）10月3日に行われたマツダスタジアムでの対中日戦。前田智徳選手の引退試合となり、大入袋が配られた

平成3年（1991年）の日本シリーズ入場券。この年の相手は西武ライオンズだった

平成3年（1991年）の年間指定席領収書

（43歳　会社員　男性）

私はカープファン暦30数余年、強烈に印象に残った選手一人を教えてください平成22年8月4日の対横浜戦でのこと。マツダスタジアムで赤松真人選手が、あわやホームランと思える打球をフェンスによじ登ってスーパーキャッチ。続いて8月23日の横浜戦、今度は天谷宗一郎選手が同じようにホームランをフェンスによじ登ってキャッチ！

ここですごいのは、打たれたのはどちらも同じ齊藤悠葵投手だったこと。試合はカープの勝利でヒーローインタビューでは齊藤投手が「おれ、持ってるのかなぁ」と一言。

印象に残った選手一人と言えばこのスーパーキャッチした両選手よりもそのときの齊藤投手です。

この齊藤投手に、僕はサインをもらいました。サインをもらったのは旧市民球場でのこと。当時は入口の球団職員に頼めば簡単に書いてもらえた時代です。

サイトウユウキ（齊藤悠葵）と言えば、一つ年下、夏の甲子園で優勝したあの斎藤佑樹『ハンカチ王子』と読みが同じ。『赤いハンカチ王子』と呼ばれた齊藤投手は、初登板初先発初勝利を達成し期待されましたが、結局戦力外宣告。某新聞記事によると、3月のある朝、数人の球団職員に見送られて新幹線に乗って広島を去っていったそうです。残念。

（53歳　男性　会社員）

印象に残っている超ファインプレーや奇跡的な場面、珍場面はなんですか？　色々教えてください

なんと言っても長野選手のドッテンころりん

２０１９年のキャッチフレーズ「水金地火木ドッテンカープ」ですが、これを地で演じた選手がいます。ＦＡで巨人へ移籍した丸佳浩選手の人的補償で入団した長野久義選手は、最初から注目されて、人気も一番。

迎えた４月25日対中日戦、緊迫した投手戦のなか、中盤にチャンス到来。一塁ランナーの長野は、バティスタのヒットで一塁から本塁突入、先取点かと胸はずんだ瞬間、三塁ベースを大きく回ったところで、転倒（ドッテン）、アウト！　先取点ならず。大笑いしている人もいましたが、大きなため息も聞こえました。

翌日の新聞には「子供の運動会で張り切りすぎたお父さんのように見事に転倒したのです。でも、後ろの席にいたおばさん達「録画しておけばよかった」と歓声。長野選手、失敗しても「女性ファンの心を掴んだ」のだそうです。何故でしょう……。男の僕にはわかりません……。しかしここは、決して喜ぶ場面ではありません。この大失態でチャンスを逃し、負ける可能性が高くなったのです。

「やれやれ、今年のキャッチフレーズは長野選手のためにあったのか」

と勝手に思いました。

このプレイを少し詳しく解説します。はっきり言えば、今までのカープのプレイスタイルと他チームとの違いが如実に出たシーンです。カープ選手は長打が出ると一塁から本塁まで走り抜けるのが『常識』。でも他チームは本塁憤死を警戒して三塁でストップすることが多いのです。当然巨人で長年プレイした長野は、三塁で止まるつもりだったのでしょう。しかしコーチが腕をぐるぐる回している。慌てて三塁ベースを過ぎたところで、本塁突入を決行したのです。結果、大きく回りすぎて芝生に足を取られ、見事に転倒。初めから本塁突入する気があったのなら三塁ベース手前から大きくふくらんでベースを蹴り、最後はまっすぐ走れば本塁を駆け抜けることができたのです。

さらに言えば長野選手の昨年までの本拠地であった東京ドームは人工芝の球場。マツダスタジアムのような天然芝などなかったのです。天然の芝はスパイクがひっかかりやすいもの。長野はきっと天然芝に慣れていなかったのです。

なお、このゲーム、8回、會澤選手の決勝のタイムリーヒットで勝ちました。2対0、素晴らしいゲームでした。

サヨナラインフィールドフライ。ヒーローは石井コーチ

2015年5月4日の対巨人戦。素晴らしい投手戦で同点で迎えた最終回無死満塁の好機。前進守備を敷く巨人内野陣。運命の打球はキャッチャーフライ。本塁ベース真上に上がる打球は結構捕りにくいもの。フラフラ動いたキャッチャーが取り損ねてミットに触らずボールはグラウンドにポトンと落ちたのです。慌てた一塁手のフランシスコはワンバウンドで取って本塁ベースを踏み一塁へ送球。「ホームゲッツー?」。チャンスを逃がしたと思ったのか、スタンドは静かになりました。ここで三塁ランナーの野間峻祥、なにを思ったのかワンバウンドを見て本塁を走り抜けました。

僕はすぐに「サヨナラ勝ちだ!」と叫んだのですが、選手・監督には聞こえない。カープ選手は落胆の表情。ここで石井琢朗コーチが飛び出して審判に詰め寄って……。しばらくして得点認定! サヨナラゲーム。

主審はインフィールドフライを宣告せず、ゲッツーと判断したようでした。巨人選手までも勘違いしたよう。審判は勘違いでは許せません。

明らかな誤審でした。でも抗議しなければゲームはそのまま進行してしまう。

正しくは満塁で内野フライを打てば打者は即座にアウト。ランナーは進んでも、その塁に留まってもいいのです。普通は留まります。野間も走ればタッチアウトになるのですが、よく分かっていなかったはずです。でも、結果オーライ。

昔、横浜ベイスターズの本拠地で同じ事がありました。そのとき横浜の選手として守備についていた石井コーチ、すかさず抗議しました。僕もこの瞬間はラジオで聞いていて分かっていたから「サヨナラ勝ちだ」と、大声で叫びました。

この日のヒーローは『石井コーチ』とささやかれました。僕もヒーローに加えてほしいのだけど。

その誤審をした審判、翌日2軍担当へ。気の毒ですが、仕方ありませんね。

珍プレー、お粗末。

緒方監督退場劇の裏側で

現住の緒方考市監督は、プレイは熱いがベンチでは穏やかで知られています。でも、２０１９年５月４日対巨人戦、令和最初の退場監督になりました。

そもそもの経緯は、一回裏カープの攻撃で、菊池涼介選手の内野ゴロが相手エラーで一度は一塁セーフになったものの、帰塁するときにタッチアウトの判定。そこで監督が審判に説明を要求。『打者が一塁を走り抜けたらインフィールドに入ってもアウトにならない』というルールがあるので「これはセーフじゃないか？」というものでした。

審判はビデオ判定に持ちこみました。映像を見るまでもなくタッチの方が早かったのですが……。結局なにも説明なしに検証の結果『アウト』。そのままゲームは再開。そのいい加減な態度に、監督は「ちゃんと説明しろ」となったのです。ところが審判は検証結果に意義を申し立てたと判断して「退場」としました。監督は単に審判団に説明を求めたのに。双方、完全な行き違い。球団はこの判定にセ・リーグに意見書を提出しました。今でも誤審と思っている。なお、このときの球審は前述のサヨナラインフィールドフライの誤審をした同じF審判。僕は、これ以上はなにも言わない。

A

豪雨災害の時も応援に行かれたのですか？大変でしたでしょう

（64歳　女性　主婦）

当時の災害状況、僕の仕事、そしてカープ観戦の危機

平成30年7月6日に起こった西日本豪雨災害は矢野・坂・天応・安浦から熊野・東広島・三原にまで及び、多くの犠牲者を出しました。山陽本線・呉線・芸備線や主要国道までも遮断されて、断水も追い打ちをかけました。そんななか、呉市川尻町は人的被害がない理由から世間から忘れられていました。川尻から呉中心部へ行く国道185号が隣の仁方地区の手前で流されて寸断。道路の下辺が大水でえぐられ、危険で通行できない状態に。迂回路であるはずの旧道も完全に流出して巨大な岩が遮り歩くのも危険。最後の望みの綱JR呉線はほとんどの区間で運行不能でした。

川尻はまさに陸の孤島状態。しばらくすると呉の反対方向の安浦へは行けるようになりましたが、肝心の呉へ行くには野呂山を迂回して、5～6時間もかかる始末。その頃僕は、呉市内の私立高校へ勤務していましたが、「いつになったら出勤出来ますか」と聞かれて「とても出来ません」と答えるしかありませんでした。もしも、どうしても出てこいと言われたら「廃業します」と答えるつもりでした。でも苦しい状況をな

んとか理解してもらい、クビになりませんでした。とにかく呉方面へは出られず自主休業。仕事は、午前中の時間割を変更してもらって、二学期になんとか復帰しました。呉線が川尻まで復旧したのは3ヵ月後の10月でした。

さて、問題はカープ観戦！　いままで連続観戦継続中だったのに、僕にとっては人生最大の危機！　良い策もなく時間が経過しました。球団は災害直後の阪神3連戦を中止。とりあえず観戦欠席を回避できました。

これで時間的猶予が出来ました。地図を広げて考える日々。広島への電車は呉線と山陽本線の2系統がありますが、いずれも災害で数ヵ月は運行出来ない見込み。ただ一つ新幹線がその2系統の中間を走っていて災害の影響が少なかったのです。広島へ出勤・通学する人たちは、この新幹線を東広島駅から利用し、苦労して苦境を乗り切っていました。

そこでじっくり考えました。川尻から東広島駅まで26㎞、道路の被害は一部区間だけ。駅前駐車場へ車を止めて新幹線で広島へ！　車で35分＋新幹線11分＝50分弱で広島へは行くことが出来そうです。15㎞ほどの距離である呉へは数時間を要するなか、広島へはたったの50分弱！

この発見で「カープへは行けるぞ」と妻に叫んだら、呆れられてしまいました。問題は運賃です。ＪＲは災害対策で山陽本線の定期券で新幹線こだまでの通勤通学を許可。しかし「呉線の定期券はダメ」とつれないもの。そこで新幹線の事務局へ電話をかけ「この電話のあとで上司の方に呉線の定期券でも同じく広島へ行かせてください、救済してくださいと伝えてくださいね！」と強く懇願しました。その翌日の新聞に「呉線も（山陽本線と同様に）定期券で新幹線乗車許可」とありました。飛び上がって喜んだのを覚えています。これで川尻から定期券（呉～川尻）を使用し、50分弱という短時間で広島へ行ける。いつもより早くて快適だ。

東広島駅前は臨時の無料駐車場も整備され、観戦を防ぐものは、全くなくなりました。結局21試合（7月20日から9月上旬まで）も、この『新幹線観戦』で乗り切り、連続観戦が継続できたのです。

しかし、この新幹線観戦にも大きな危機が訪れました。台風が来襲したのです。8月23日対ヤクルト戦。天気図から判断して「夜は晴れる」と予想。しかし移動時間帯は台風の影響は避けられず、新幹線も走らない可能性があります。

台風が来る前に早めの新幹線で広島へ出て、ナイターが終わってから広島で一泊して台風通過を乗り切ろうと決断。せっかく広島へ行っても、ゲーム中止の可能性もある。ギャンブルスタート。宿泊の出費は痛いですが背に腹は代えられません。

広島へ到着後、読み通り夕方には新幹線がストップ。しかし台風は東寄りのコースを取り、勢力が弱まってきてゲーム開始に向けて開場。さらにこの日のゲームは逆転サヨナラホームランで見事勝利！

さあ次は宿探し。その前に広島駅へ行ってみました。災害時に新幹線の車両を宿泊用に開放したのをニュースで何度か見たことがあるからです。駅までたどり着くと

「新幹線？　一本だけ臨時に三原行きこだまが走ります」

「ええ!?　ありがとうございます」

ただし岡山・大阪方面へは台風の接近で走れないようでした。もちろんこの一本の臨時便に乗り東広島へ。サヨナラ勝ち、しかも新幹線運行と何もかも順調に事が進み嬉々として帰宅。

しかしここで思わぬアクシデント。家に着いたら、真っ暗で戸は締まっていました……。広島へ宿泊するものと決め込んでいた妻。電灯を消し

て戸締まりを厳重にし、すでに布団の中。
「おーい、戸を開けてくれ！」叫び声に気がついた嫁さんが、やっと
のことで家に入れてくれました。
土砂災害、台風の大きな壁を乗り越えて連続観戦を達成しました。一
生忘れられない体験です。

（14歳　中学2年生）

カープがテレビでやっていると、気になって宿題ができません。どうしたらいいの？

試合はたったの3時間

『カープファンに生まれた宿命』といえば身も蓋もありませんが、昔、カープが負けたらテストをする先生がいました。「気になって」なんて悠長なこと言っていられませんね。カープのことを全て遮断して生活し、勉強するなんて無理な相談です。よく考えてみてください。ナイター中継は夕方18時～21時過ぎの3時間余り。それがどうした？　と言われそうですが、この時間帯は食事・入浴・家事等々と重なっているのです。横目（耳）で中継を見ながらほとんどの雑用が平行して出来ます。深夜にまで及ぶことは稀です。中継後に賢く宿題・勉強をしてください。「カープが気になって志望校受験を失敗した」という話を聞いたことがありません。むしろ勝った後は勉強がはかどって「カープファンでよかった」と感じることが多いでしょう？

『ながら勉強もそんなに悪影響ではない』と言う人もいます。要は本人の心がけ、それにカープは年間１４３試合。３６５日から１４３試合を引くと２２２。カープの無い生活とカープのある生活。やる気やモチベーションを感じるにはどちらが幸せでしょうか？　楽しく応援して、勉強も頑張ってください。

（35歳　女性　パート）

家族そろってのカープファンです。それゆえにカープが負けると家中が静まりかえってしまって……。いつも家族が楽しく明るくいられる秘訣はありますか？

勝利こそは最高の解決策ですが

負けてはいけませんね。確かに家中が暗くなります。しかし連敗して最悪の夜を過ごし、その後勝った時との落差といったら！　僕は連敗を脱出して勝ったときのうれしさを何度も味わいました。勝てば負けをすっかり忘れられます。じっと我慢して過ごす心境を楽しみましょう。いつか必ず勝つのだから。

マツダスタジアムが開場したころホームで対中日9連敗がありました。いつも一緒に応援している母は10連敗するのを見たくなく「今夜は行きたくない」とポツリ。「じゃあ、電車に乗らず、贅沢に駐車料金が高い車で行く。座っているだけだから行こう」と説得し「座るだけ、それなら行ってみる」と母は気を取り直して決行。その夜、苦しみながらも1点差で中日に勝ったのです。スタンドは優勝でもしたような喜びようで連敗をすっかり忘れていました。勝てば忘れるのです。連敗した時こそ期待を大きく持ってスタジアムへ行きましょう。負けているとどうしてもカープの話題を避けたがりますが、そんな時は自分の役割を淡々とこなすことが大切です。でも負けるのに慣れることは決してありません。低迷時代をなんど経験したことか……。とにかく諦めないこと！

お母さまの面白い話を、もう少し聞かせて。

（24歳　女性　フリーター）

90歳の愛されカープ女子

大竹寛投手がFAで巨人に移籍したその人的補償で一岡竜司選手が入団した年。終盤「ピッチャー一岡」のアナウンスが流れるとスタジアムは大歓声。「あがるじゃろう、緊張するじゃろう」と、この声援を心配した母。僕が「東京ドームの満員のなかで投げたことあるんよ」と返すと「それじゃあ、この子は育ちがええんじゃね」。周囲のファンはなんと思って聞いていたのでしょう。

またある日、母の都合が悪くて元同僚と観戦していたら、少し遅れて隣に座った男性に「また出会いましたね、前回は隣がお婆さんでしたが、野球に詳しい人でしたね」と声をかけられました。

それを聞いた元同僚

「そりゃあそうよ。元祖カープ女子じゃから、創設時からの」

「そうだったんですか」

前回、僕と母の会話で、母はそんなにカープについて詳しいことは話しませんでした。でも、90歳のお婆さんが弱気な投球を見て「ありゃぁ、どうしたんね」「監督の采配も、ワンテンポ遅いね」となどと話し、その他にも、野球用語をポンポン喋っていたのでした……。

A

（44歳　男性　自営業）

遠方から観戦、終わりが遅くなって帰りが気になりませんか？

母を説得に

年間指定席二席のうち一つは母のものですが、なんせ現在91歳。マツダスタジアムが開場した年でも80歳。当時は川尻から僕の弁当を持って先にスタジアムへ乗り込み、仕事が終わって駆けつける僕を待っていました。

川尻～広島を電車で行き来するのですが帰りが問題。第一線で活躍する帰宅中のビジネスマンと競い合って帰りの電車の席を確保するのです。やはり高齢では毎試合大変な苦労があります。

そこで一方的なゲーム展開だったら「もう帰ろう」と言うことも何度か。延長戦になったら「勝つ補償はないし、遅くなるばかり……」と、だだをこね、僕の翌日の仕事も考えたら帰った方がいいと痛い所を突いてきます。それを言われると「それじゃあ帰ろう」と決断。ゲーム経過を気にしながら広島駅まで歩くことに。やっとホームにたどり着いたら「サヨナラホームランだ！」とラジオ片手に人が騒いでいる。石原慶幸選手のまさかの一発でサヨナラ勝ち！

母に「ゴメンね」と何度言われても……。悔しいです。

僕の痛恨のはやとちり

あるナイターの阪神戦。リードはしていたものの、再三のチャンスを逃がし、たったの1点差。……ついに最終回に逆転ホームランを打たれて呆然。「何度もチャンスを逃がして、結局こうなるんよ」と捨て台詞を吐いて「帰ろう」と、母を連れ出して広島駅へ。落胆のあまり、足取りが重い。

電車の座席を確保し落ち着くと、ゲームの結末が気になり始めます。「今夜の下手なゲーム運びをなんと解説しているかな」と。

ラジオのスイッチをオンすると安部友裕選手のインタビューが聞こえました。なにやら意味不明。理解できずにしばらく聞いていると「思い切って行った結果が……」。なんと、サヨナラホームランのヒーローインタビューだったのです。逆転された裏に、再逆転していたのでした。なにも出来ないまま動けず、ただただ、力が抜けたまま帰宅。翌朝の目覚めはもちろん最悪です。

午前0時のサヨナラホームラン

市民球場時代、延長戦が15回までと決められていた頃の話です。巨人戦でした。延長戦に突入し、時間は23時前。そのまま観たいのはやまやまでしたが、帰りの電車の最終便が出そうで、後ろ髪を引かれる思いで球場を後にしたことがあります。ラジオを聞くこともなく帰宅。試合結果を知りたいので深夜のスポーツニュースを見るためにテレビをつけました。するとニュース番組のハズなのに、そこに映るのは球場からのライブ中継。ニュースのアナウンサーが「今、映っているのは広島市民球場の現在の映像です」。まだやっていたのか……。しばらくすると町田公二郎選手がサヨナラホームラン！　延長15回、すでに日付が変わっていました。

最後まで見たスタンドの皆さんに敬礼。

意地悪なおっさん

妻と二人でナイター観戦。敗色濃厚なゲーム展開に翌日の仕事を考えて、少し早く球場を出て広島駅から電車に乗りました。二人ともカープグッズに身を包んで明らかに観戦帰りの出で立ち。4人掛けのボックス席に座ったおっさんが、スマホの画面をわざと見せてきました。意地悪そうに、ニヤッとして。画面には野球のスコアが映っており、逆転サヨナラで勝っていました。

おっさんの目には「広島で一番間抜けな夫婦」に見えたことと思います。

先発投手の勝ちが消えた

マエケン（前田健太）の登板日。リードしていたのに終盤に投手交代して後続の投手が打たれ、追いつかれ同点に。「もったいない、代えなくても勝てたのに、マエケンがかわいそう」と怒りを込めて母と球場を出たのですが、帰りにサヨナラ勝ちを知りました。「勝てばいいってもんじゃあない」とつぶやいたけれど、「最後まで見ればよかった」というのが本心です。

見逃した気の毒なおじさんたち

1997年9月11日の阪神戦でのこと。

僕の前の席の人が「旅行で観戦できない」と言うので、翌日のチケットを2枚もらいました。次の日、近所のおじさん二人を誘って観戦。ゲームは4点差で敗色濃厚でした。僕は劣勢でもなにかありそうな予感がしていたのですが、二人は帰りの電車も気になって「もういい、帰る」と。僕が「もう帰るんですか？　もったいないですよ」と止めたのに……。

結果は最終回に1点を返し、さらに、緒方孝市選手が初球を逆転サヨナラ満塁ホームラン！　球団初の快挙。以後、現在まで逆転満塁サヨナラホームランを打った選手はいません。

さて、その二人のおじさん達は、帰宅してから逆転ホームランで勝ったのを知りました。翌日になってその奥さんから「昨日ナイターにいったことは黙っていなさい」「ホームラン見ていなかったと知れたら町を歩けないからね」と釘を刺されたそうです。以後、ひたすら沈黙を貫いていました。気の毒で仕方ありません。

こんな劇的なホームランを見逃し、一生ショックで立ち直れないはず。

（37歳　男性　会社員）

月々の少ないお小遣いのなかで、できるだけ球場に足を運びたいのですが……。福岡先生はどんな節約術で年間数十試合を応援しているのですか？

カープ観戦の心がまえ

僕が旧市民球場へ『通い続ける』ことが出来たのは、少ない小遣いを節約していたからです。「なんとしてもカープに会う」という強い意志がそうさせたのです。

例えば、交通費を節約し、歩けるところは歩く。実家のある川尻へは広島駅と横川駅からと同じ料金。従って球場に近い横川から、20分ほど歩けば駅にたどり着けました。夕方の通勤ラッシュなら歩いた方が渋滞に巻き込まれずに確実に市民球場へ行けます。歩いていくうちスタジアムの明かりが見えはじめる。毎夜このときめきを経験すれば少々の苦行もなんのその。

さらに独身時代には、夕食は17時を過ぎたら半額になる弁当屋さんで自分の好みでなくても残った物を買って夕食に。毎試合行くのだから球場内の割高な弁当は食べない。

今でも、マツダスタジアムで弁当は一度も買ったことがありません。自慢じゃありませんがマエケン弁当の味を知りません。年に一度の観戦なら贅沢も許せますが毎試合ともなれば贅沢は出来ません。ひたすらカープに会う一心で行く。球団の売り上げに貢献はしていませんが「僕はチケットで十分ペイしている」と自負しています。心の底では「一度でいいから選手プロデュースの弁当とビールを味わいたい」。でも、代わりに勝利の『味』は格別なのです。

以下、主に旧市民球場での節約の極意十箇条

一、スタジアムではビールを飲まない
二、球場（旧市民球場）までバス・広電を利用せず歩く
三、スタジアムではメニューにつられて飲食をしない
四、飲み物は麦茶を用意。ペットボトルに移し換えて持参する
五、弁当は、可能な限り自宅からおにぎり二個を準備して行く
六、安易に新作カープグッズを買わない
七、年間指定席のうち、公式戦しか手を出さない。オープン戦、ファン感謝デーには行かない。
八、キャンプ地には行かない
九、自家用車で行かない。駐車場所に困るし、駐車料金も試合開催日は高く設定されている

十、日本シリーズは優先販売の権利を放棄し、外野自由席で観戦する

一、ビールを毎日飲んでいたら続きません。飲みに行くのではなく、野球を見に行くのです。そこははき違えないようにしましょう。野球を楽しむ。心を強く持ちましょう。

二、大切な試合も広電・バスを利用しないで歩いて通っていました。年間チケットの代金よりも、交通費の負担が大きい。歩くのは健康にもいいことです。ＪＲ新白島駅が新設された時には、「旧市民球場時代に出来ておればなぁ」と悔やみました。今やどうにもならないことですが。

三、マツダスタジアムでは興味をそそるフードメニューがたくさんあって、衝動が抑えきれないことがあります。観戦に専念するか、おいしいものを食べて観戦回数を減らすか迷うところですが、毎日スタンドに座るのには迷いがあってはいけません。たまに、カープうどんを味わう。おすすめは定番の天ぷらうどん。これは球界初の丼容器での販売という歴史あるものですから、たまには贅沢を。

四、麦茶を煮出すパックは、1パック数円。それで、約1リットルの麦茶ができます。家で作って持っていけば、市販のペットボトル麦茶を購入するより金額は20分の1で済みます。マツダスタジアムでは、球場の入り口前で、ペットボトルから紙コップに移し替えましょう。めんどくさいかもしれませんが、観戦に飲み物は必須です。塵も積もれば山となりますよ。

五、日本人なら、やはり米でしょう。特におにぎりは、簡単に携帯でき腹持ちもします。ひとつでは少ないですが、2つあれば、試合中の空腹は防げます。僕はいつも、昆布が入ったおにぎりを用意。昔、自宅から観戦に行くときは、妻がにぎってくれていました。愛情たっぷりににぎられたおにぎり。それを球場で頬張るのも幸せなものでした。にぎってくれる人がいない場合は、カープへの愛情をしっかり込めて、自分でおにぎりを作りましょう。

六、昔のカープグッズは帽子、メガホンなど極限られていました。しかし最近はたくさんの種類があり誘惑に駆られるのも確かです。ただし、ありがたいことに、熱狂的なカープファンだと自他共に知られてくると、なぜかプレゼントされることが多くなります。応援グッズには不自由していません。なかには近所の人から、ご主人の遺品を使ってくれと、法被、サイン入り帽子などを届けていただいたこともありました。テレビのプレゼントなどにも、こまめに応募。運良くユニフォーム、帽子、バッグ、チケットホルダーなど、たくさんゲットしましたよ。

七、毎試合窓口でチケットを買うよりも、年間指定席の方が割安です。エコノミーシートと呼ばれていた昭和57年当時、内野年間指定席が10万円でしたが、月額にすると8334円。ちなみに、昭和52年にスタンドが広げられて年間外野シートが発売されましたが、2万円（月額1700円）とわずか。昭和53年にホームランシートとなって、赤い座席の指定席が2万5000円。以後、昭和56年に3万5000円に。1年分だから、ひと月あたりの小遣いへの負担は極めて少なかったです。マツダスタジアムになっても年間内野指定席は21万円、月額

1万7500円、なんとか乗り切れます。そんなに贅沢でもありません。

オープン戦チケットは、知人に譲ればけっこう喜ばれます。僕は公式戦だけで満足です。

八、キャンプ地は興味深いですよね。カープを愛してくださる宮崎県日南市の皆さんにお礼をしたいものです。しかし遠い。そこで一念発起して。僕は山口県岩国市の由宇練習場へ行ってみました。ここなら出費はたいしたことはありません。新装したというニュースに一度は行ってみたかったのです。二軍の本拠地でありますが、やはり行って良かった。秘境のなかの不思議な空間で、若い選手が必死にプレーする姿を間近に見て感激しましたよ。宮崎は我慢して、近場の由宇に行きましょう。

九、交通費の出費、自家用車は……。カープ観戦へ気軽に『車で行けば』と考えるのは早計です。まず毎試合、車の置き場所に苦慮します。しかも試合当日は駐車料金が割高。さらに駐車場が満杯でスタジアム周辺をウロウロする人をよく見かけます。解決策はただ一つ、電車利用です。12球団で、本拠地が新幹線の駅にこんなに近いスタジアムは他にありません。これを利用しない手はありません。もちろん、回数乗車券を利用すれば、70試合で往復140枚だから回数券を12回買い求めればいい。11枚つづりで10乗車分の料金です。だから12乗車分の出費が減る。簡単な計算です。車はNGですよ。

十、日本シリーズ観戦はチケット購入のことで、僕を悩ませました。予想外の臨時支出です。日本シリーズは割高で内野指定席4500円。それがホームスタジアムで4試合。当時の僕にとっては大変な支出でした。そこで内野の優先販売の権利を放棄して1000円の外野席を『並んで』買い求め、乗り切りました。もちろん自由席。年々値上げはあったものの、平成3年のV6のときでも外野席は1200円でした。

しかし、現在2019年は事情が大きく異なります。日本シリーズ内野指定席は、なんと1万円！　出費は痛いですが優先販売を放棄すれば一般販売で他の席のチケットを入手できる可能性はないに等しい。異常なチケット獲得競争。カープ人気に火がついたとはいえ、こんな時代になるとは思っていなかったのです。嬉しいような悲しいような……。窓口に並べば入手出来ていたという常識が通用しなくなりました。悩んだあげくの痛い出費。優勝は嬉しいですが、嫁さんに援助を求めるなど、ゲームよりも苦戦するここ数年です。

以上、出来る限りの節約を伝授。ただしこんなに苦しい真似をせず気楽に楽しむのが良いと思います。少しはカープの売り上げに貢献するのも良いのでは？　う～ん、悩ましい問題です。

Q

私はカープファン、現在つきあっている彼は大のトラキチ（タイガースファン）。果たしてこのまま、うまくいくのでしょうか？

（17歳　女性　高校生）

セ・リーグには

単刀直入にいえば、このまま付き合って大丈夫。

セ・リーグの野球ファンの間には「アンチジャイアンツ」という言葉があります。カープと阪神のファンは巨人を倒すという共通の目的で戦っています。言わば『同志』なのです。

２０１６年。カープが勝って、巨人に阪神が勝てば地元マツダスタジアムでカープの胴上げのチャンスがありました。その夜、カープは中日に勝ち、さあ、カープファンは巨人が負ければ歓喜の胴上げというなか、スタジアムのビジョンで阪神対巨人戦の経過を見守っていました。結局阪神の負けで胴上げは翌日に持ち越し。「阪神しっかりしてよ」とがっかりしましたが、翌日、阪神応援団が「(地元胴上げを楽しみにしている)カープファンに対して全面謝罪」とスポーツ紙の記事が。

これはもう、同志以外のなにものでもありませんね。昔から巨人に対して頑張れカープ、頑張れ阪神とお互いにエールを送り合っていたのです。だから大丈夫。

でも、カープと阪神が戦っているときはどちらかが不機嫌になったり、また勝っても大威張りで喜んでは相手を傷つけますよ。

そこで提案。カープファンは阪神の情報もしっかり掴む。ファン期待の選手のプレイに「あれ良かったんじゃないの」「ちょっと力んだようね」とか、相手を熟知しておけば、彼の機嫌を損なわず、上手にアプローチができます。決して彼の傷心に追い打ちをかけない。阪神を知る努力は大切です。彼にもカープの良いところ、つまり「ここ見てよ」と話を持ちかければ、会話は尽きません。お互い相手を知れば、きっとうまくいきます。

なお、広島には阪神ファンがたくさんいます。これはプロ野球の歴史を勉強すれば当たり前なのです。広島ではカープが誕生するまでほとんどが阪神ファンだったのですから。その末裔が……。

だから、阪神が好きな人に『罪』は、ありません。

巨人ファンの場合

交際相手が巨人ファン！　これは大変です。常に不和の危険性がつきまといます。ボーッと生きていてはいけません。実は僕の身近にいる妹夫婦がそれです。結婚30年余り、うまくいっていますが。

さて彼の周囲は、カープファンばかりでアンチジャイアンツ。その空気の中で生きてきた彼は、大変心の強い人です。しかし巨人ファンの相手の気持ちを考えずに、ど真ん中にズバッと切り込んで誹謗すれば、二人の関係は即終了です。

やはり大切なのは、お互いに相手のチームを知ることです。「贔屓チームではない」と放置・無視してはいけません。とにかく研究しなければなりません。弱点ではなく、ファン期待の選手を熟知する。

直接対決の日は、個々のプレイに、すぐに声に出さず、相手の気持ちを考えてコメント。同じ貶《けな》しでも弱点をズバッと言わない。この点にだけ注意すれば大きな問題はありません。

時間をかけて、お互いに自分のチーム、選手についてのあれこれを言い合えるようになれば、きっとうまくいきます。でも、負けたら穏やかでありません、そこはお互い様。

ねじれた二人の会話は、はたから見ていると面白いのですがねぇ。

総じて言えば、結論は

お互いプロ野球ファン。プロ野球には単にプレイだけでなく球団の方針やファンの熱気、監督の采配、スター選手、ペナントレース、一騎打ちの勝負など、興味は尽きません。

とにかく多角的に面白さを追求すれば、どのチームのファン同士だろうがうまくいくのです。『野球が好き』という共通事項は、お互いの仲をさらに深くしてくれます。プロ野球観戦を、二人で楽しみながらデート場所にすることだってできるのです。こんな嬉しいことが他にあるでしょうか。

カープの応援団のリーダーの言葉「どこのファンでもプロ野球ファン。野球が好きなんじゃろうが」という言葉を、僕は気に入っています。プロ野球が好きな人は、全く興味がない人の人生よりもずっと楽しく幸せに生きていけます。

広い心で応援しましょう。

福岡先生が感じる、全国のスタジアムについて教えてください。

（51歳　男性　農業）

【旧広島市民球場】

開場したとき（昭和32年）は全国で一番便利で良い球場だったそうです。ナイター設備が整い、広島の一等地にあって当時は夢のような場所でした。しかし、遠方から観戦に行くとなると広島市内の中心にあり、広島駅、横川駅、西広島駅へ広電や、バスを利用しなければならず、帰りは逆に不便でした。最終電車に間に合わない不都合が生じていました。時代とともに他の球場と比較して席も狭くなり、50年余りで役目を終えました。

【広島県営球場（コカ・コーラスウエストスタジアム）】

昭和25年からカープの本拠地としてスタート。原爆被害が少なかったので残った球場です。ここがなければきっとカープは誕生しなかったでしょう。敬意を表すべき球場です。外野スタンドの石垣も昔のままでノスタルジックな雰囲気が漂います。広島市西区観音の運動公園は広島の中心からファンが通うには不便。ナイター設備がなく、全てデイゲーム。しかもスタンドが狭く観客を収容しきれず内野にロープを張って観戦席としていました。カープ発祥の地であり、現在は高校野球などで使用するので一度は訪れてほしいものです。広島県にはもっと予算を出して改装してもらいたいと思います。

【マツダスタジアム】

天然芝がとてもきれいで国内最高クラスのスタジアムだと大いに自慢すべきです。選手とファンの距離も近い。老人・家族連れ・車いす等々にもやさしく、女子トイレも充実して、他球団のファンからも好評です。国内で最も新幹線の駅から近く、県外から訪れる観客も多い。道に迷う心配もなく、12球団一の便利なスタジアムであると思います。

【呉市二河野球場】

過去、カープの準本拠地だった球場です。昭和26年に開場。創成期の3連戦のうち、第一戦はここ呉二河球場で行われていました。2、3戦目は観音の広島県営球場で実施。呉の人で、このことを知る人は少ないはずです。場所は便利で、呉駅からもバス・徒歩で行けます。母はここで、プロ野球観戦デビューしました。

【福山市民球場】

竹ヶ端運動公園内にありますが市街地から遠く、観戦には不便です。今は年に一回程度カープの公式戦が行われます。近くに自動販売機だけしかないので、食べ物や飲み物は、不備ないように持参を。川沿いに位置するため、爽やかな風が吹く心地良さを感じられます。

【しまなみ球場】

尾道市の県立びんご運動公園の中にありますが、公共の乗り物がないに等しいので、車移動必須。道も一本しかなく試合後は大渋滞になります。スタジアムはきれいでスタンドも呉市二河野球場・福山市民球場よりも数段良いのですが、なにせ尾道市内から遠い山の上にあります。マツダスタジアムができるまでは、県内で一番美しいと感じていました。グラウンドのサイズは甲子園球場と全く一緒。甲子園で高校球児が驚かないような配慮が伺えます。

【明治神宮野球場】

ヤクルトスワローズの本拠地ですが、学生野球の聖地。昼は大学野球のため土・日曜でもプロ野球のデイゲームが少ないのが特徴です。都心の一等地にあってアクセスは抜群。人工芝で雨には強いですが両翼が短くホームランになりやすい、投手泣かせの球場です。近く新球場建設の計画が出されているので期待が膨らみます。

【東京ドーム】

日本初の屋内ドーム型球場。今では、狭い球場とされていますが、その巨大な人工物は、現在でも見る者を圧倒します。ただし、エアコンがあるにも関わらずジメジメ感があり、しかも音が籠もってやや不快。しかし都会のムードそのまま、さすが日本の首都にあるスタジアム。僕が初めて訪れたのは確か30代後半。雨天でも試合開催できるのは、当時としては夢のようなことでした。天候を気にせず試合観戦できるのは、現在でも羨ましいと思います。

【ナゴヤ球場】

現在は中日二軍の本拠地となっているこの球場は、新幹線からスコアボードが見えていたのをよく覚えています。試合当日は名古屋本線の臨時駅『中日球場前駅』に停車して観客を運んでおり、ファンへの配慮がうかがえます。大都会のプロ野球場としては、正直パッとしないので、少し残念に思うのです。

【阪神甲子園球場】

ご存じ高校野球の聖地。阪神電鉄で梅田から直通で行けますが三宮からは行きにくい場所にあります。昔は席が狭く、夏は若い女性が汗まみれのおっさんの隣に座るのは困っただろうと申し訳なく思います。今は新装、改善してとても良い球場に。常時、浜風が吹いて投手・外野手は気が抜けませんが……。

【阪急西宮スタジアム】

昭和59年に日本シリーズで初めて訪れました。当時のイメージは観客が極めて少なく、ライトに入ったホームランボールをレフトから取りに行くファンの姿がテレビで映されたほど。外野席には数人しかいない日が多かったようです。しかし、球場はとても美しく、当時としてはもったいないくらいの素晴らしい設備で圧倒されました。夏の高校野球の会場にも使用されたこともありました。しかし今は取り壊され、ショッピングモールとなっています。

【福岡ヤフオク！ドーム】

オープン戦で行ってみたのですが、新幹線駅から乗り換えて、さらにかなり歩きます。開閉式ドーム球場で色彩なども素晴らしいのですが、デイゲームでは、何故か倉庫の中で明かりをつけてゲームを見るような感覚でした。屋根を開けた様子が見たかったですね。フェンスが高すぎて選手との距離が離れすぎているのが残念。ちなみに、屋根の開閉にかかる費用は、1回1００万円もするとか。小園海斗選手の年俸の1／8です。とてもカープには真似できません。

【西武ドーム】

アクセスとしては老人には過酷。東京方面へは電車のみで、試合後は観客が一挙に押し寄せるので、ギュウギュウ詰めです。トイレが少ないのもちょっと不便です。春先は寒いので、絶対に防寒着を持っていきましょう。ですが、とっても美しいスタジアムです。開場当時、日米野球でメジャーリーガーが来たとき、「アメリカと比較しても引けを取らない素晴らしいスタジアムだ！」と絶賛されました。ただし、大型の野球ゲーム盤のなかでキャラクターがゲームをしているように僕は感じました。ドームでありながら自然の風が吹くのでさわやかです。

【楽天生命パーク宮城】

楽天ゴールデンイーグルスの本拠地。最初は人工芝だったのですが再び自然芝に改装し選手にとっては良い球場だと思います。日本で初めて、スタジアム内に設置された観覧車。これは一度は乗ってみるべきです。昔はロッテオリオンズの準本拠地として、一時使用されていました。

【米子市民球場】

プロ野球を観戦したことはありませんが、スタンドもしっかりしたもので、鳥取自慢の球場です。

【大阪スタヂアム】

大阪の真ん中、難波にあって、南海ホークスの本拠地でした。かの有名な、『江夏の21球』の舞台でもあり、カープが初の日本一に輝いた場所です。昭和54年、55年と2回も近鉄バファローズが優勝したとき、近鉄の本拠地だった藤井寺球場にナイター設備がなく、この広島対近鉄の日本シリーズはここで実施されました。スタンドが高く、席に座るのに急傾斜の階段を上がってグラウンドを見下ろすと目が眩みそうに。満員になると通路も狭く、一度座ったら逆流しにくく移動が大変でした。今はもうなきスタジアムです。

プロ野球といえば、本拠地チームは一塁側ベンチで白を基調としたユニフォームでした。しかし、最近はパ・リーグでは、楽天、日ハム、西武はホームチームが3塁側、ユニフォームも白とは限りません。アメリカでも自由に決めているようですが、これも時代の流れですね。

Q

福岡先生ほどの「カープ愛」……。
カープ愛って、そもそもなんですか？

（18歳　女性　大学生）

スタジアムに足を運んでください

毎試合観戦する日々。「飽きることはないのか?」と同僚に聞かれたことがありますが、自分は「一度もない」と断言しました。仕事帰り、ナイターを見ようとスタジアムへ。目に飛び込むのは照明灯の明かり。これを見て飽きるなんてことはないのです。スタジアムへ向かって進めばもう、しっかり応援モード。カープがなければ、僕の人生は無味乾燥なものだったと思います。

カープ愛とは実際にゲームに接すること。スタンドで一緒に応援すること。これまで観た2500試合、毎日何かが起こる、いつも新鮮。選手のプレー、ファンの声、ビール売りの女子、おっさんのヤジ、新しいグッズに身を包んだファン、コンコースを歩く親子……。

そして『愛』とは、欲得抜き、見返りを求めないことだと僕は考えています。負けようが勝とうがどんな状態であろうが、カープを応援し続ける。それこそが、本物の愛だと思うのです。

とにもかくにも、一歩スタジアムへ入れば、あとは何も説明は不要です。

おわりに

広島東洋カープの畝　龍実投手コーチに「2500試合カープ応援観戦した」と話すと、すかさず「それって半分でしょう?」と。その通り、ホーム試合に対してビジターの試合がもう半分ある。「そうだよ。でもラジオ・テレビで追いかけて合計5000試合以上だ」。

この数字に彼は驚いていた。

教師の仕事をしながらカープを追い続けて45年間。毎日観戦するには色々な危機が訪れたが、運も手伝って周囲の、特に家族の理解もあってスタンドに座り続けることが出来た。

今は、この経験をカープファンと記憶を共有したい、事件の詳細を伝えたい一心で書いたつもりだ。昔はテレビでカープの試合が放映されることは極まれで市民球場の他のゲームはもっぱらラジオで聞くしかなかった。そんな不便な時代を思うと今は幸せである。

しかし、便利な今より昔の方が色々事件や話題もたくさんあった。面白い話はたくさんあっても、詳しく伝えられていないことがほとんどだ。知られざる（ウラの）カープ史も、知っていただけたと思っている。書けなかった話もあるが、これは今後、機会があるならば僕の下手な話術でよければ、聞いていただきたいと思う。

福岡正博

２０１９年　12月吉日

カープと僕の歴史

年	順位	カープの出来事	僕の出来事
昭和24年(1949年)		広島商工会議所に球団本部(広島野球倶楽部)を設置	
昭和25年(1950年)	8	カープ初の公式試合を行う	
昭和26年(1951年)	7		僕が生まれる(10月)
昭和27年(1952年)	6	ラジオ中国が実況中継開始	生後5ヵ月で初観戦(呉二河球場)。広球場で観戦
昭和28年(1953年)	4		呉二河球場での大ゲンカ
昭和32年(1957年)	5	広島市民球状開場	
昭和45年(1970年)	4		広島大学へ入学
昭和47年(1972年)	6	外木場投手が3度目のノーヒットノーラン	
昭和48年(1973年)	6	帽子のマークが「H」から「C」へ	大学4年生の僕が球場デビュー
昭和49年(1974年)	6	ジョー・ルーツが監督就任	坂中学校着任。マツダ病院で金城基泰にサインをもらう
昭和50年(1975年)	優勝(V1)	悲願のリーグ初優勝!	優勝決定の瞬間は職場で
昭和52年(1977年)	5	広島市民球場外野スタンド増設	初めて年間自由指定席を購入(2万円)。
昭和53年(1978年)	3	山本浩二選手が球団初の本塁打王に	ドランペット軍団登場

川尻と広島などの位置関係

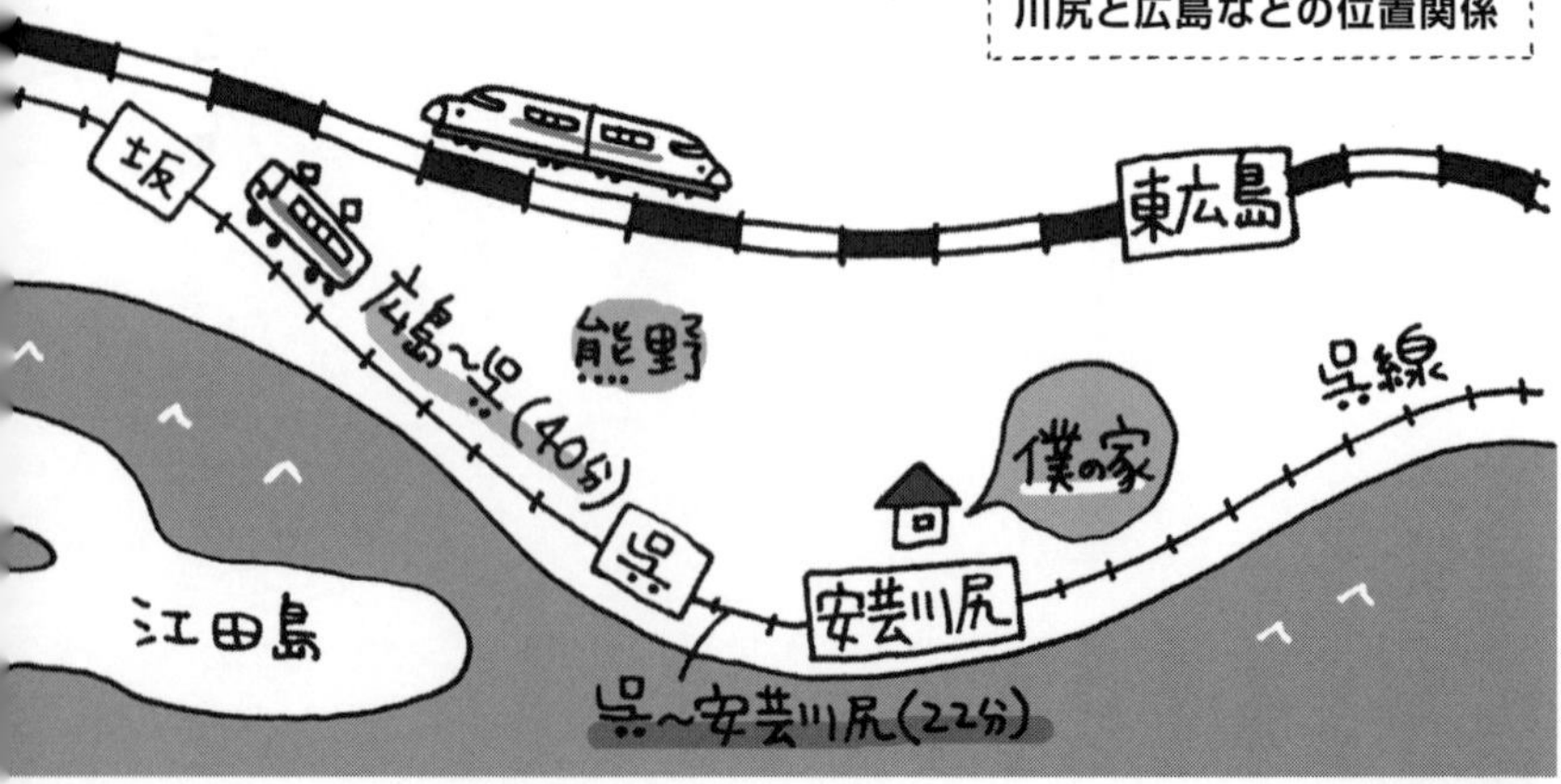

年	順位	カープの出来事	僕の出来事
昭和54年(1979年)	優勝(V2)	初の日本一に輝く(対近鉄)	ゴミだらけのスタンドにびっくり
昭和55年(1980年)	優勝(V3)	連続日本一を達成(対近鉄)	日本シリーズで安仁屋宗八 投手の登板を見る
昭和57年(1982年)	4		大竹高校着任。結婚(5月)。 年間指定席は10万円!
昭和59年(1984年)	優勝(V4)	3度目の日本一(対阪急)	優勝を決め、自前の紅白餅を職場で配る
昭和61年(1986年)	優勝(V5)	広島市民球場2階席増設	熊野高校着任。年間指定席 グリーンシート購入(13万円)
平成3年(1991年)	優勝(V6)	津田恒美最後のマウンド	紅白饅頭配る
平成6年(1994年)	3		1000試合観戦達成
平成7年(1995年)	2	スライリーが初登場	呉工業高校着任
平成13年(2001年)	4		呉宮原高校着任
平成18年(2006年)	5	ブラウン監督のベース投げ	呉宮原高校野球部春の県大会優勝
平成19年(2007年)	5		呉昭和高校着任
平成21年(2009年)		マツダスタジアム開場	年間指定S席購入(21万円)
平成24年(2012年)	4		定年退職
平成25年(2013年)	3(CS初出場)		2000試合観戦達成
平成26年(2014年)	3(CS出場)		
平成28年(2016年)	優勝(V7)		
平成29年(2017年)	優勝(V8)		
平成30年(2018年)	優勝(V9)		
令和元年(2019年)	4		2500試合観戦達成!

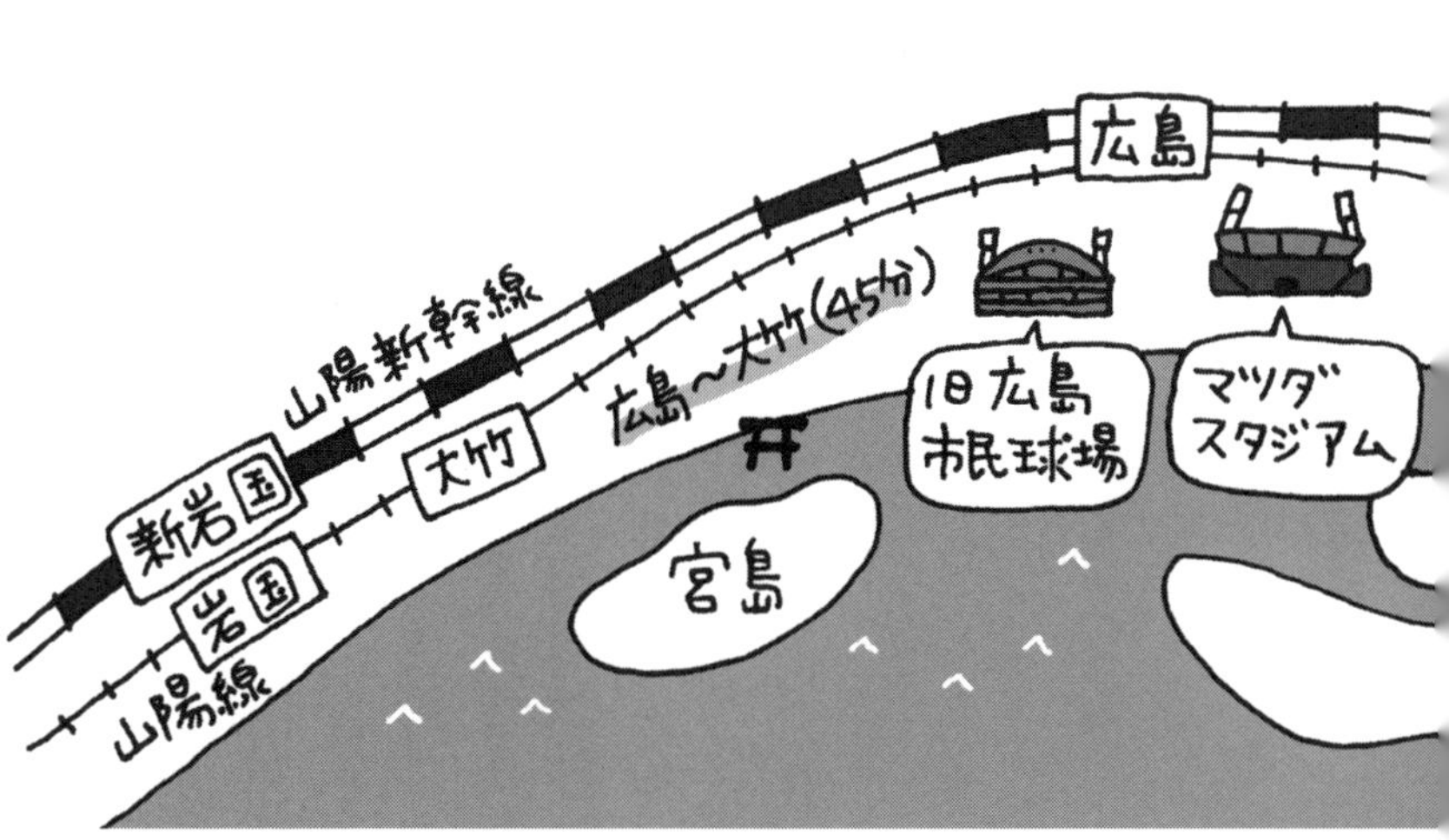

勝っても負けても 僕はカープ
～平凡な高校教師が球場で見た45年間～

著者
福岡正博（ふくおか・まさひろ）

昭和26年（1951年）10月28日生まれ
広島県呉市川尻町（旧豊田郡川尻町）在住
昭和45年（1970年）4月　広島大学教育学部入学
昭和49年（1974年）3月　広島大学卒業
昭和49年（1974年）4月～　数学教員として安芸郡坂町立坂中学校を皮切りに、
県立大竹高校、県立熊野高校、県立呉工業高校、
県立呉宮原高校、県立呉昭和高校に勤務
呉工業高校時代は軟式野球部顧問
呉宮原高校、呉昭和高校にて硬式野球部部長
平成24年（2012年）3月定年退職

発　　行　2019年12月12日
著　　者　福岡正博
発 行 者　田中朋博
発 行 所　株式会社ザメディアジョン
〒733-0011
広島県広島市西区横川町2-5-15
電話082-503-5035
http://www.mediasion.co.jp
編　　集　石川淑直
制作協力　大須賀あい
装丁・デザイン　村田洋子
イラスト　池田奈鳳子（絵描屋）
校正・校閲　大田光悦、菊澤昇吾
進行管理　西村公一
D T P　がっぱや
印刷・製本　株式会社シナノパブリッシングプレス

Printed in Japan
ISBN978-4-86250-654-2